돈 버는 데는 장사가 최고다

돈 버는 데는 장사가 최고다

초판 1쇄 인쇄_ 2014년 10월 28일 | **초판 1쇄 발행_** 2014년 10월 31일
지은이_ 박창수 | **펴낸이_** 진성옥 · 오광수 | **펴낸곳_** 꿈과희망
디자인 · 편집_ 김창숙, 박희진 | **마케팅_** 최대현, 김진용
주소_ 서울시 마포구 토정로 222 B동 1층 108호
전화_ 02)2681-2832 | **팩스_** 02)943-0935 | **출판등록_** 제1-3077호
http://www.dreamnhope.com| e-mail_ jinsungok@empal.com
ISBN_ 978-89-94648-71-2   03320
※ 책 값은 뒤표지에 있습니다.
ⓒPrinted in Korea. | ※ 잘못된 책은 바꾸어 드립니다.

취업보다 창업으로 꿈과 끼를 펼쳐라

돈 버는 데는

이론과 다른 현실, 맞춤형 장사꾼으로 성공하기 대공개!!

장사가
최고다

박창수 지음

꿈과희망

HOW에 주목하는 것이
성공비즈니스를 향한 길

9년 전쯤 일이다. 프리랜서로 한참 왕성한 활동을 하고 있던 시기였던 만큼 모든 것에 의욕이 넘쳐났다. 일거리는 많았지만 남들이 하지 않은 새로운 일을 벌이고도 싶었다. 굳이 창업이라는 생각은 하지 않고 일의 범위와 규모를 늘린다는 입장이었다.

억지로(?) 돈을 끌어 모아 성북동에 사무실을 얻고 후배들을 인턴사원으로 데리고 일했다. 투자한 돈이 많진 않았기에 큰 부담을 갖지 않았었다. 하지만 현실은 달랐다. 임대료만 월 50만 원인데다 이런 저런 지출비용을 합치면 300만 원 돈이 지출돼야 했다. 통장에 돈이 쌓이기는커녕 한 달 한 달 넘어갈 때마다 한숨만 새어나왔다. '앞으로 남고 뒤로 밑진다'는 말이 실감이 났다. 2년을 채 못 버틴 것 같다. 결국 보증금도 절반을 까먹은 후에야 두 손 들고 사무실 문을 닫았다. 지금 생각하니 이게 바로 창업 실패였다.

창업을 하여 실패하는 이들의 공통점은 창업 이후 다가올 현실에 대해 머릿속으로만 계산을 한다는 것이다. 자신의 생각과 예상 그리고 기대치만 머리로 셈을 하는 것이니 실제로 맞닥뜨릴 현실에 대한 대응능력은 전혀 없는 것이다.

이런 사람일수록 가족이나 지인들의 조언을 진지하게 받아들이지 않는다. 실전경험도 부족하고 구체적인 사업전략도 허술하다. 창업을 한다는 그 자체만으로 가슴에 고무풍선이 들어가 있는 꼴이다.

인생2모작을 준비하는 장년층, 노년층에게 인생을 얼마나 오래 이어갈 것인가보다 더 중요한 것은 어떻게 무엇을 하며 살 것인가이듯이 무작정 어떤 사업을 언제 벌이겠다는 것보다는 어떻게 운영하여 수익을 창출하고 사업을 키워갈 것인가는 매우 중요한 사안이다. 관건은 바로 **HOW**다. 같은 조건에서 같은 아이템으로 창업을 하여도 점포마다 매출이 다른 것은 사업을 이끄는 주인이 어떻게 아이템의 장점을 살리고 또 마케팅, 직원관리, 고객관리 등을 하느냐에 달려 있다.

중소기업전문기자로서 활동해 오면서 그간 청년창업자들, 직장에서의 경험과 노하우를 살려 독립한 창업자들, 은퇴 후 재도전한 시니어 비즈니스맨들 등등 창업에 도전한 수많은 이들을 만나보았다. 그들 중에는 개인사업으로 출발하여 법인 형태의 중소기업 규모와 체제를 다지고 다시 도약하여 해외시장까지 진출하는 이들이 적지 않았다. 이 책 속에 그들로부터 보고 듣고 느낀 창업과 사업운영의 노하우들을 쉽게 풀어내고자 했다. 창업을 꿈꾸거나 준비중인 모든 분들이 이 책을 통해 자신이 지닌 창의력과 경험을 바탕으로 차별화된 전략과 발빠른 추진력을 발휘하여 부디 성공한 비즈니스맨으로 거듭나길 바라는 마음이 간절하다. 특히 시대가 달라진 만큼 우리나라에서도 이제는 비즈니스에서의 성공만 추구할 것이 아니라 원칙과 기본을 중시하고 사회가 요구하는 도덕과 노블레스오블리주를 실천하는 기업가들이 보다 많이 나타나길 바라는 마음이다.

박창수

차례

창업 1단계

WHY/ WHAT
왜? 무엇을 하려는가?

POWER INTERVIEW _ 시니어 일과 삶 연구소 (리봄) 조연미 소장

창업 4단계

HOW
성공과 실패는 KNOWHOW에 달렸다

WHY / WHAT

왜? 무엇을 하려는가?

창업을 하려는 목적은 무엇이며 어떤 아이템을 잡을 것인가에 대한 질문을
스스로에게 던져라. 현재 세상 돌아가는 트렌드도 중요하지만
멀리 내다보는 것도 중요하다. 실속 없이 폼만 잡지 말고
냉정하게 판단한 후 철저하게 준비해서 뛰어들어라.

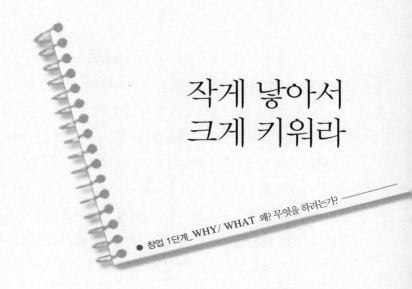

작게 낳아서
크게 키워라

창업 1단계_WHY / WHAT 왜? 무엇을 하려는가?

옛말에 '애는 작게 낳아서 크게 키우라'고 했다. 사업도 마찬가지다. 무작정 크게 하는 것만이 성공으로 가는 지름길은 아니다. 사업은 '꽝' 아니면 '당첨' 식의 복권이 아니다. 사업은 안정적이고 장기적이어야 한다. 그렇다면 처음부터 무리해서 대규모로 시작하기보다는 자신이 지닌 경제력에 맞게 현실적으로 감당할 수 있는 만큼의 규모로 출발해야 한다.

저자는 중소기업전문기자로 그간 수없이 많은 기업들을 방문했고 그들의 성장사를 취재했다. 성공한 벤처기업들의 다수가 시작은 아주 작았다. 혼자서 또는 동업자와 함께 각자의 집을 담보로 자금을 융통하여 작은 사무실이나 창고 같은 공장에서 시작했다. 지금 중견기업으로 성장해 있거나 아직은 규모가 중소기업이라 할지라도 탄탄한 조직력과 기술력을 두루 갖추고 글로벌시장까지 진출한 소위 '강소기업'으로 불리는 중소기업들이 한둘이 아니다. 이들에게는 몇 가지 공통점이 있다. 장인정신을 가지고 오직 한 가지 아이템에서 품목을 늘리거나 업그레이드를 지속시키면서 성장했다는 것과 짧게는 10년, 길게는 20~30년 시간과 과정을 거치면서 계단을 오르듯 사업확장이 이루어졌다는 것이다. 그리고 또 한 가지 시작은 하나같이 누가 봐도 보잘것없는 작은 규모로 출발했다.

물류전문회사 A는 3대의 냉동탑차로 시작해서 25년이 지난 지금은 350여 대의 차량이 전국을 누비면서 1천억 원대에 가까운 매출을 올린다. 이동통신용 RF부품과 마이크로웨이브(micro wave) 개발에 주력하면서 총매출액이 230억 원 중 85%를 해외수출시장에서 올리는 B사도 12년 전 창업 당시 직원은 고작 5명이었고 시험장비 한 대 없어서 임대로 사용해야 했다. 지금은 이름만 들어도 아는 유명한 글로벌기업들이 이 회사의 주요 고객들이라는 사실이 놀랍기만 하다.

세계적인 기업이 된 유명그룹들도 처음에는 이들처럼 종업원 몇명도 안 되는 소규모 공장이나 작은 점포에서 시작했다. 하지만 10년, 30년, 50년, 100년 그렇게 시간을 두고 계단을 밟아 올라가면서 규모가 확대되어 글로벌기업으로 성장한 것이다. 한국의 대표적인 글로벌기업 삼성그룹도 1938년 대구시 수성동의 '삼성상회'에서 출발했다. 70여 년이 넘는 세월을 거치면서 세계적인 기업이 된 것이다.

출발은 작았지만 장기간에 걸친 성장을 통해 유명기업이 된 성공사례들이 많음에도 불구하고 처음부터 큰 몸집을 고집하면서 무리한 창업을 하는 이들이 적지않다. 자본력이 충분하여 몇 년 동안 지속적인 투자를 해도 문을 닫지 않을 자신이 있다면 몰라도 실속 없이 허울만 그럴 듯한 모습으로 시작해서 몇 년을 못 가서 문을 닫는 기업들이 있다. 대부분 규모만 클 뿐 처음부터 방만한 경영으로 사업실패를 자청하는 사례들이다. 1억 원을 투자하여 연간 3~4억 원의 매출을 올리려고 하기보다는 50억 원을 투자하여 20억 원을 버는 쪽을 택한 것이다. 한 마디로 욕심이 많은 것이다.

2014년 7월 '글로벌 기업가활동 모니터'(GEM. Global Entrepreneurship Monitor)가 펴낸 '글로벌 리포트 2013'에 따르면 한국의 42개월 미만 초기 창업 가운데 생계형 창업 비중은 36.5%로 나타났다. 이 같은 수치는 주요 선진국에 비해 생계형 창업 비중이 지나치게 높은 것으로 GEM이 꼽은 26개 혁신경제국(Innovation-driven Economies)의 생계형 창업 비중 평균은 18.2%로 우리나라의 절반 수준이다. 30%를 넘는 곳은 한국이 유일하다. 문제는 생계형 창업자들이 많은 게 아니라 창업 1~3년 만에 문을 닫는 실패 사례가 많다는 것을 지적하지 않을 수 없다. 수익에 대한 정확한 분석도 없이 무리하게 창업자금을 끌어 들여 규모를 지향하는 창업을 하는 경우다. 흔한 말로 자기 분수에 맞지 않게 욕심만 내세워 사업을 감행했기 때문이다. 일례로 사업 경험이 전혀 없는 퇴직자가 웰빙트렌드 때문에 오리고깃집을 차리면 한 달에 모든 것을 다 제하고도 돈 천만 원은 거뜬히 벌 수 있다는 주변 사람들의 말만 믿고 퇴직금 전액 3억 원을 투자했다가 1년 만에 보증금 절반을 까먹고 두 손을 드는 식이다.

자기자본 5억 원 중 2억 원을 투자한 사람과 자기자본은 물론이고 은행 대출, 주변사람들의 돈 등을 다 끌어들여 6억 원을 투자한 사람이 있다고 치자. 둘 다 창업 2년 만에 망했을 경우. 6억 원을 투자한 사람이 감당해야 할 고통은 2억 원 투자자의 몇 배에 달할 것이며 사업 실패에서 끝나는 게 아니라 그 이후의 생계마저 막막해질 수도 있다.

사업을 시작했다고 해서 반드시 첫 해부터 엄청난 수익을 올릴 수 있을 거라는 담보는 없다. 실제 사업은 머릿속으로 계산한 것과 많은 차이가 있다. 또 사업이란 정치·경제·사회분위기 등의 영향을 받기 마련이다. 정권만 바뀌어도 잘나가던 기업이 하루아침에 무너져 내리는 일은 수없이 많았다. 조류독감으로 인해 기대에 부풀었던 양계장사업이 하루아침에 망해 목숨을 끊는 사람도 있었듯이 사업의 성패에는 변수가 많이 작용한다. 물론 사업을 시작할 때부터 겁부터 먹고 실패를 두려워하는 것 또한 문제지만 창업을 할 때는 만일의 경우도 항상 염두에 두어야 한다.

사람이 사업을 하는 데는 돈을 많이 벌기 위한 것이 가장 큰 목적이지만 과정 과정을 거치고 나날이 성장해 가는 회사를 보면서 얻게 되는 만족감 또한 크다. 다섯 평짜리 해장국 집을 창업할 당시에는 점포도 작고 알려지지 않아서 하루에 20그릇 팔기도 힘들었지만 맛 소문으로 단골손님이 늘어나면서 1년 후에는 하루에도 2~3백 명으로 늘어나고, 3년 후에는 줄을 서야 할 정도가 되어서 옆 점포까지 임대를 해야 하는 식으로 성장해 나가는 것 이것이 바로 사업의 재미다. **사업을 하는 목적이 단지 돈 하나만이 아니라면 작게 현실감 있게 시작해라. 그리고 하루하루 성장해 가는 모습을 즐겨라.**

신종아이템만이
전부는 아니다

1990년대 초였다. 어느 날 국내 최초로 성인용품전문점이 생겨났다는 뉴스가 신문을 통해 대대적으로 소개가 됐다. 일본에서는 이미 성인용품숍이 운영되고 있었지만 우리는 달랐다. 당시만 해도 성(性)에 대해 노골적으로 말하기도, 또 드러내기도 꺼려 하는 문화에서는 그다지 성공가능성이 높지 않은 아이템이었다. 약국에서 콘돔을 구입하면서도 얼굴이 붉어지던 시대였으니 밝은 대낮에 그것도 서울 도심상권에 자리한 성인용품전문점의 문을 당당히 열고 들어갈 사람은 극히 드물었다. 국내 1호점으로 플래시 세례를 받으며 세간의 이목을 집중시켰던 그 점포는 지하철 2호선 이대역 인근에서 문을 열었지만 그 후로 대박이 났다는 소식은 듣지도 보지도 못했다.

세월이 흘렀다. 몇 년 전부터 외곽도로변에 차량을 세워놓고 성인용품을 판매하는 불법 영업자들이 생겨나더니 지금은 아예 도심에서도 점포 형태로 문을 열고 운영하는 숍들을 볼 수가 있다. 중앙일간신문의 건강면에서 섹스토이에 대한 정보기사가 아주 자연스럽게 편집될 정도로 어느새 우리의 성문화는 개방화시기를 맞이하고 있으니 장사가 되는지 안 되는지는 잘 모르겠지만 성인용품숍이 그렇게 특별하다거나 낯선 소매점은 아닌 시대가 됐다.

20여 년 전에 등장했던 성인용품숍, 그 점포가 국내에서는 신종아이템이었지만 시기적으로는 너무 앞서갔던 것은 분명하다. 어떤 사업이든지 '국내 최초'라던가 '신종사업'이라는 네 글자의 슬로건만으로도 예비창업자들이나 소비 대상자들의 호기심을 불러일으키는 데는 성공한다. 그런 분위기가 현실적으로 톱니바퀴처럼 수요와 공급이 잘 맞물려 돌아가는 비즈니스로 확산된다면 실질적인 성공으로 이어지겠지만 그저 한때 잠깐 관심과 주목에서 끝나게 된다면 소리없이 시나브로 가기 마련이다. 일명 '신종사업'이라고 유난을 떨면서 아이템을 시장에 선보이는 경우 십중팔구는 때를 만나지 못한 대가로 실패의 쓴잔을 마시곤 한다.

창업 전문가들은 아이템을 선택할 때 먼저 생존 기간을 분석해 보라고 조언한다. 덩치 큰 산업이든 스몰비즈니스든 간에 일반적으로 신종비즈니스는 도입기, 발전기, 성숙기, 포화기, 쇠퇴기를 거치게 된다. 대부분의 초보 창업자들 중에는 무턱대고 도입기의 아이템을 선택하는 경우도 적지 않으며 이와는 반대로 이미 포화기 상태로 접어들었는데도 불구하고 잘되는 점포들만 바라보고 자신 또한 성공할 것이라는 생각으로 창업을 시작하는 편이다. 그러나 포화기는 이미 많은 업체들이 시장을 점유하고 있기 때문에 새로운 창업자가 성공할 확률은 낮아지게 된다. 따라서 **성장기는 지나고 성숙기엔 접어들지 않은 사업을 선택하는 것이 바람직하다. 너무 앞서가도 위험하고 이미 확산되어 무르익은 시장은 치열한 경쟁에서 살아남을 수 있어야 한다.** 때문에 안정적이면서 수익을 내려면 블루오션에서 레드오션으로 접어들고 있는 시장을 선택하는 것이 가장 안전하다.

18

창업아이템 선택 시 반드시 체크해야 할 7가지

POINT 1
자신의 경력이나 전문지식 또는 인맥을 활용할 수 있는 업종이면 더욱 좋다.

POINT 2
자신의 성격을 먼저 파악하고 그에 맞는 업종을 고른다.

POINT 3
다가올 가까운 시대 변화를 반영하되 자신이 따라잡을 수 있는 업종이어야 한다.

POINT 4
자금 및 기술 등 경영자원의 관점에서 이상적인 기준과 큰 차이가 없는 현실성이 있는 업종이 좋다.

POINT 5
가족은 물론이고 인맥 네트워크를 통해 자신에게 맞는 아이템인지 사업성은 있는지 꼼꼼하게 사전 검증을 받아야 한다.

POINT 6
10년 이상 롱런이 가능한 사업이어야 한다. 지속적인 업그레이드와 신제품을 낼 수 있는 사업일수록 비전은 크다.

POINT 7
사회정서나 도덕적 가치에 위배되는 아이템은 피한다.

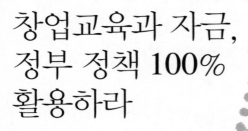

창업교육과 자금,
정부 정책 100%
활용하라

어느 중소기업 사장이 이런 말을 했다.

"대한민국처럼 중소기업 지원정책이 잘되어 있는 나라도 드물어요. 창업부터 수출 마케팅까지 지원정책이 정말 다양하거든요. 문제는 몰라서 활용을 못하는 기업들이 많은 것 같더라구요. 정부지원제도는 남보다 빨리 알아서 찾아먹는 게 현명한 거죠. 정보에 빨라야 성공합니다."

정부 정책을 활용해 본 기업이라면 이 말에 어느 정도 고개를 끄덕인다. 물론 만성 자금난, 인력난에 허덕이는 제조업체들은 이런 사실을 인정은 하면서도 원인이야 어디에 있든 간에 지금 당장 경영에 애로점이 있는 만큼 정부가 더 많은 부분을 충족시켜주길 원할 수도 있다.

중소기업전문기자로 어언 17년째 일하고 있는 저자로서는 정부의 중소기업지원정책에 대해 한마디 한다면 '정보에 부지런한 기업은 어떻게든 살아남는다' 는 말을 하고 싶다. 우리나라 중소기업 지원정책이 정말 잘되었다고 말하는 중소기업인들의 말은 결코 듣기 좋으라고 하는 말이 아니다. 실제로 다양한 정책들이 진행되고 있다. 심지어는 1원 한 푼 없을 만큼 바닥을 치고 회사 문을 닫은 기업인들에게 다시 일어설 수 있도록 중소기업진흥공단이 지원하는 '중소기업재기 지원사업'까지 마련돼 있을 정도다. 재기지원 컨설팅과 재창업 자금 지원을 통해 실패한 기업인들에게 다시 한 번 일어설 수 있는 기회를 주는 지원사업이다.

이 같은 중소기업 지원정책 못지않게 최근 몇 년 사이에 눈에 띄게 다양한 정책이 발표되고 있는 분야가 바로 창업이다. 기업 창업은 물론이고 몇천만 원대 소규모 자영업 창업에 이르기까지 현재 정부가 지원하는 창업교육과 자금지원은 일일이 셀 수 없을 만큼 다양하다. 이는 다른 말로 하면 돈 없어서 창업 못한다는 말은 할 수 없다는 얘기나 다름없다.

일례로 정부가 지원하는 '여성가장창업자금'의 경우 경제적 어려움에 처한 여성가장의 창업을 지원하여 가계안정과 자활의지를 제고하기 위한 사업으로, 1인당 최고 5,000만 원까지 임대보증금을 지원하고 3.0%의 저렴한 금리로 납부하는 방식이다. 또 청년창업 특례보증은 만 20~39세 이하인 창업자들을 대상으로 창업 후 3년 이내의 기술창업기업에 한해 창업 및 운영을 위한 운전자금, 사업장 임차자금 및 시설자금을 기업 당 3억 원 이내로 보증 지원하며, 보증료는 0.3%로, 청년 창업기업의 부담을 경감하고, 보증비율을 95%로 하고 있다. 창업 후 1년 이내 또는 1억 원 이하의 경우에는 전액보증을 적용한다. 이뿐만이 아니다. '특례보증 대출금'은 신용평가등급상 대출이 어려운 7등급 이하의 저신용등급자 또는 사업자등록증이 없어 기존 일반보증을 받지 못하는 소상공인이 그 지원 대상이다. 500만 원 한도 내에서 중소기업청 유관기관인 지역신용보증재단의 보증을 통해 대출받을 수 있게 해주는데 노점과 같은 무점포인 경우에도 300만 원을 지원해 준다.

창업교육 지원 또한 그야말로 '이보다 좋을 순 없다'는 말이 저절로 나온다. 중소기업청이 창업넷을 통해 안내하고 있는 시니어 창업스쿨은 40세 이상 시니어를 대상으로 한 창업교육 프로그램으로, 시니어의 관심 분야와 역량에 따른 실무 중심의 집중 창업교육을 지원한다. 전국 15개 교육주관 기관을 통해 다양한 창업교육이 진행되고 있으며, 1인당 110만 원의 교육비 중 100만 원을 정부가 지원하는 시스템이다.

창업 실패율을 줄이기 위해 사전에 교육을 실시하고, 창업에 필요한 자금을 지원해 주며, 설령 경영난 악화로 회사가 문을 닫아도 아이템의 사업성과 성장가능성이 있으면 다시 일어설 수 있도록 진단해 주고, 다양한 지원을 해준다. 창업과 성공이라는 테마의 밥상을 제대로 차려주는 셈이다.

이쯤 되면 대한민국 창업과 중소기업 지원정책이 가히 환상적이라는 말이 나올 수밖에 없지 않은가? 멍석을 깔아주었는데도 신나는 판을 벌이지 못하면서 창업에 대한 어려움이나 불만을 털어놓는가하면 정부 정책이 미약하다는 말을 한다면 이건 분명 당사자에게 문제가 있다고 볼 수밖에 없다. 부지런하게 다리품을 팔지 않더라도 요즘은 온라인을 통해서도 얼마든지 정보를 얻고 상담이 가능하며 지원정책 신청 또한 가능하다. 이마저도 실행으로 옮기지 못한다면 손 하나 움직이지 않고 돈이 굴러들어오길 바라는 못난 심보가 아니고 또 무엇이겠는가?

자신만의 경쟁력있는 아이템으로 창업에 뛰어들겠다면 더 이상 머뭇거릴 일이 아니다. 'Make hay while the sun shines.'이라는 속담이 있다. 기회가 주어졌을 때 액션을 취하는 것은 각자의 몫이다.

정부 정책을 활용하려면

POINT1   정부 문턱은 낮다

정부 지원정책에 대해 '나 같은 사람은 받기 힘들 것이다' 라는 편견을 갖고 있거나 정부관련기관은 문턱이 높다고 여기고 처음부터 지원정책 문을 두드리기를 꺼리는 사람들이 있다. 아니다. 시대는 달라졌고 권위주의적인 공직자들은 더 이상 존재하지 않는다. 긍정의 마인드를 갖고 적극적으로 접근하면 보다 좋은 결과를 얻을 수 있을 것이다.

POINT2   인터넷을 최대한 활용하라

창업교육이나 지원정책을 알아보기 위해 무모하게 여기저기 찾아다니거나 고민하지 마라. 인터넷에 들어가 검색엔진에서 '창업정책'이라는 네 글자만 두들겨도 다양한 정보들이 나타난다. 정보의 바다 컴퓨터를 활용하는 것은 각자의 몫이다.

POINT3   직접 찾아 가라

정부 정책과 관련하여 지원을 받으려면 전화로도 가능하긴 하다. 하지만 구체적인 지원사항과 준비서류 등 관련 정보를 꼼꼼하게 확인하려면 직접 담당자를 찾아가 만나서 상담을 받는 것이 좋다. 앉아서 전화로 하는 것보다는 훨씬 효과적일 것이다.

POINT4   부록을 참고하라

창업지원 자금과 교육에 대한 자세한 정보는 본 책자 부록을 참고하면 보다 상세한 정보를 얻을 수 있다.

배운 다음
시작해라

옛말에 '고추 당초 맵다한들 시집살이만큼 매울소냐' 라는 말이 있다. 갓 시집온 며느리가 시집살이를 잘 견디어 내려면 귀머거리 3년, 벙어리 3년, 봉사 3년 그렇게 9년은 참고 지내야 한다는 말을 단적으로 표현한 속담이다. 우리 현대사회에서 이 같은 시집살이의 논리를 부각시킨다면 모든 여성들로부터 몰매를 맞을 일이다. 하지만 세상사와 연관지어 긍정적인 의미로 해석해 본다면 시어머니가 며느리에게 곳간의 열쇠를 맡기기 전까지 한 집안의 살림살이에 대한 교육의 과정이 아니었나 싶다. 한 집안의 며느리로 들어와 그 집안의 가풍과 문화, 음식 등의 기본기를 두루두루 배우면서 스스로를 길들이는 시기라고 볼 수도 있었을 것이다.

예비창업자들이라면 새색시가 한 집안의 안살림을 책임지는 안주인이 되기까지는 이 같은 호된 시집살이를 통해 집안과 살림살이에 대한 많은 것을 배우고 또 인내하는 시간을 거쳤다는 사실에 주목할 필요가 있다. 창업을 하겠다고 선언하고 나서 창업 준비를 하는 이들 중에는 창업아이템만

정해지면 곧장 사업에 뛰어드는 이들이 적지 않다. 다니던 직장에 사표를 내고 또는 은퇴한 후 의미없이 보내는 시간을 만들지 않으려고 열정을 무기로 새로운 도전을 감행하는 것은 박수쳐 줄 일이고 아름다운 일이다. 하지만 같은 사업에 뛰어들더라도 준비된 자와 준비하지 않은 자의 차이는 매우 크다. 극단적으로는 실패와 성공 둘 중 하나로 이어지기 때문이다.

자영업의 경우 경쟁이 치열하지 않던 시절에는 적당한 자본과 노동력을 무기로 창업을 하여 어떤 장사든 열심히만 하면 먹고 사는데 크게 지장이 없었다. 어느 날 갑자기 남편과 사별한 여인이 식당을 차려 5남매 먹여 살리며 대학공부까지 시키기도 하고, 주변머리 없어서 무엇 하나 제대로 하지 못하면서 노름에 빠진 무능한 남편 때문에 빚만 지게 되자 보다 못한 아내가 가족들을 데리고 지방의 어느 읍소재지로 야반도주를 한 후 재래시장에서 옷 장사를 시작하여 빌딩까지 샀다는 전설 같은 이야기도 있었다. 어디 이뿐이랴. 평소 손칼국수를 맛있게 만든다고 소문이 났던 청주댁 아줌마는 칼국수집을 차렸는데 손님들이 줄을 서는 정도가 되었고, 디자인 전공은커녕 중학교도 제대로 졸업하지 못한 누구네 삼촌은 미장공으로 일하다가 인테리어 가게를 열어 재료도 팔고 시공도 하면서 돈을 긁어모으다시피 했다는 식의 얘기들이 80년, 90년대에는 서민들 사이에도 심심찮게 들리는 소문이었다. 산업사회가 어느 정도 자리를 잡으면서 경제성장이 눈에 띄게 드러나던 그 당시에는 그랬다.

시대가 달라졌다. 자영업의 태동과 성장에 필요한 모든 환경도 21세기로 접어들면서 일대 변화를 몰고 왔다. 기업 창업만이 아니라 김밥집을 차려도 차별화된 경영전략이 필수여서 주먹구구식으로 했다가는 경쟁에서 살아남기 힘든 상황으로 바뀌었다. 무엇이든 자영업을 한다고 하면 주변사람들이나 일가 친척들이 보따리 싸들고 말리듯이 '잘 생각해 보고 판단해야 된다', '무턱대고 차렸다가는 돈만 까먹는다'는 말이 보편화된 충고가 되었다. 그렇다고 '구더기 무서워서 장 못 담그랴'는 속담처럼 경쟁과 실패가 두려워서 도전을 못한다면 그것도 아니 될 말이니 생각이 깊은 사람들은 창업 속도를 한 템포 느리게 진행하면서 가장 기본적인 준비를 하기 시작한다. 다름 아닌 배워서 시작한다는 것이다.

몇 년 전 텐트용 매트를 만드는 회사를 창업한 30대 초반의 S씨는 고등학교 졸업 후 어언 10년 동안 매트를 만드는 중소기업만 다녔다. 요즘 젊은층은 텐트를 치고 야영을 하더라도 쿠션이 있는 바닥을 원한다는 사실을 알아차리고 특수소재 재질로 만든 야외용 매트를 만들어 그야말로 어엿한 중소기업 사장으로 변신했다. 경험을 통해 틈새시장을 발굴했고, 젊은층답게 온라인 마케팅을 활발하게 실시한 게 성공의 키워드가 되었다.

6년 전 60대 초반의 한 여성은 서울 시내 중심가 P극장 인근에 수제비와 칼국수만을 전문적으로 취급하는 식당을 개업했다. 평수가 고작 10평 정도밖에 안 되는데다 종업원도 단 한 명이었다. 개업하자마자 푸짐한 양은 물론이고 국물이 깔끔하고 다데기로 넣어 먹는 삭힌 고추소스가 특별하다는 입소문이 퍼지면서 창업 6개월 만에 하루 칼국수 150그릇은 너끈히 파는 음식점이 되었고, 지금도 여전히 종업원 한 명과 함께 변함없이 성공적인 매출을 올리고 있다. 이 칼국수집의 성공적인 창업은 다름 아닌 여주인의 탄탄한 경력에서 비롯되었다. 창업 이전에 지방의 칼국수 집에서 자그마치 6년 동안 종업원으로 일하면서 자신만의 노하우를 쌓았던 결과다.

어떤 사업이든 기본이 제대로 다져져야 그 다음은 노하우가 생기고 차별화된 경쟁력도 확보하여 롱런으로 이어진다. 한정식집을 창업했다고 치자. 사장은 전천후이어야 한다. 어느 날 주방장이 몸이 아파 못 나오면 주방장도 되어야 하고, 홀 서빙 인력이 부족하면 반찬도 나르고,

때로는 고객서비스 차원에서 주차 파킹도 도와야 한다. 조직력을 앞세운 기업경영에서도 사장이 자본밖에 없으면 기술에서 자금, 회계에 이르기까지 두루두루 경험과 노하우를 지닌 전문경영인을 채용하여 전반적인 경영 안정화를 이끌어야 한다.

자영업을 '구멍가게'로만 여기고 달려들면 먹고 사는 데는 지장이 없다는 말을 하던 시대는 끝났다. 해당 업종에 대해 지식이나 경험이 부족하면 십중팔구는 망할 수밖에 없는 게 요즘의 비즈니스다. 그렇다면 일단 배워야 한다. 3년, 5년 현장에서 실무경력을 쌓는다면 더할 나위 없이 좋겠지만 단 6개월 또는 1년 만이라도 실무경험을 통해 배우고 창업한다면 그만큼 실패할 확률은 줄어들 것이다.

가장 잘 할 수 있는
분야를 선택해라

"너는 의사가 되어야 해."

"너는 반드시 법관이 되어서 이 아빠가 그토록 원했던 그 자리에 올라서
야 해."

"작가는 무슨 놈의 작가야. 글쟁이는 굶어죽기 딱 좋은 직업이라니까. 그
건 안 돼. 안정적인 직업인 공무원 시험을 보는 게 훨씬 나은 선택이지."

돈이 안 되거나 명예가 없는 직업 또는 노동력을 필요로 하는 힘든 직업
이라면 보따리 싸들고서라도 말리는 게 과거 우리나라 부모들의 자녀 교육
문화였다. 그들에게는 의사, 법관, 학자, 정치인, 고위공무원이 자신들이 갈
망했던 직업이었거나 세월이 흘러가도 존경받고 수입 또한 안정적인 직업
이라고 여겼다. 자식의 직업에 거는 부모들의 기대와 꿈에 알게 모르게 자
신들의 로망과 독선이 내재된 셈이다. 그러다 보니 자식들의 미래를 위한
권유나 조언을 뛰어넘어 강제적인 지시와 명령이나 다름없었던 게 사실이
다. 아직도 부모라는 이름으로 자신의 이기적인 욕구를 자식들을 통해 대

리만족 하려 한다거나 출세지향주의 사고를 지닌 이들은 적잖게 존재한다. 다만 보편적으로 볼 때 요즘의 부모들은 자녀들에 대한 바람이나 기대가 예전의 부모들과는 크게 다르다.

"네가 원하는 작가라는 직업은 큰 돈을 벌진 못하지만 너 스스로 느끼는 만족감은 아주 클 거야. 좋은 작품을 써서 백 년, 이백 년 후에도 사람들이 읽는 스테디셀러를 창작해내는 일 그것은 정말 멋진 일이야."

이를 테면 자녀가 좋아하는 일, 아이 스스로 능력과 끼를 발산시킬 수 있는 일을 선택하고 집중할 수 있도록 밀어주고 이끌어주는 편이다.

자식에 대한 부모들의 마인드가 이렇게 흘러가는 것은 바람직한 현상이다. 이 같은 사고의 변화는 창업가에서도 나타나고 있다. 미국의 **NFIB** (National Federation of Independent Business 독립사업전국협회)의 회원을 대상으로 "지금 하고 있는 사업의 아이디어를 어디에서 얻었는가?"라는 설문 조사를 한 결과 "이전 일의 경험"이라는 비율이 45%이었으며, 16%가 취미 또는 관심사였다. 최근 들어 국내에서도 무조건 잘되는 사업, 인기사업만을 추구하기보다는 직장에서 쌓은 경력에서 창업아이템을 찾아 자신이 가진 지식과 노하우를 사업에 녹여내는 이들이 늘고 있으며, 자신만의 특기인 장점을 창업아이템에 연관시키거나 취미생활을 사업으로 이어가는 사람들이 적지 않다.

취재기자로 점포나 기업 취재를 많이 한 저자로서는 자영업자들 중 자신의 활동과 경험으로부터 사업기회를 찾아낸 이들을 만나는 일이 그리 어렵지 않았다. 그들은 직장생활이나 프리랜스 활동을 통해 고객의 욕구를 잘알 수 있었기에 거기서 새로운 사업 아이템을 발견했거나 자신의 일을 하는 과정에서 경험과 전문적인 능력이 쌓여 우연찮게 새로운 아이디어를 찾아냈다. 또 젊은층 창업자들 중에는 자신이 즐기는 취미생활로부터 사업 아이디어를 얻는 경우도 많다. 자신이 좋아하는 특정한 아이템을 다듬고 멋지게 만들어 즐겨 쓰다가 지인이나 주변의 여러 동료들로부터 똑같은 것을 만들어 달라는 주문을 받게 되면서 사업으로 확대시킨 것이다.

2014년 2월 20일 러시아 소치의 피시트 올림픽스타디움에서는 동계장애인올림픽대회의 마지막을 장식하는 폐막식이 열렸고, 이날 무대에는 2018년 평창대회를 알리는 퍼포먼스가 있었다. 가장 눈에 띈 것은 휠체어를 타고 스포츠 댄스를 추는 장면이었다. 공연팀이 탄 10대의 휠체어는 높낮이가 자유자재로 구현되고 신속하게 돌면서도 매우 안정적인 기능을 수행했다. 이 휠체어는 외국기업의 제품이 아니었다. 바로 우리나라 중소기업으로 금동옥 대표가 이끄는 (주)휠라인이 제작한 제품이었다. 이 회사는 직원 수 14명으로, 작은 중소기업이지만 고객맞춤형 스포츠 휠체어를 제작한다. 이것만으로도 회사는 시선을 주목받기에 충분했다. 여기에 거리 자동 조절 프레임을 개발했으니 대단한 성과를 일궈내면서 매스컴은 물론이고 수요자들의 관심을 끌게 된 것이다.

스포츠용 휠체어 기술은 유럽이 강자다. 그럼에도 불구하고 신생기업이나 다름없는 (주)휠라인은 국제규격에 맞는 럭비선수용 휠체어를 제작하는 회사로 아시아에서는 유일하다. 2014년 10월에 열린 장애인 아시안게임에서 선보인 펜싱용 휠체어도 지금까지 그 어느 나라에서도 개발하지 못한 특별한 기술력이 접목되었다. 장애인 스포츠용 휠체어의 기술력은 프레임 용접이 좌우한다. 일반 용접과는 다른 알루미늄 용접이 필수다. 맞춤형 제작인 만큼 동일 스포츠용일지라도 세부적으로는 설계가 다 다르기 때문에 용접기술이 뛰어나야 하는데 특히 선수 포지션마다 기능이 다르고 부딪침이 심한 럭비휠체어의 경우는 더욱 까다롭다. 따라서 국제규격에 맞는 럭비용 휠체어를 자체 제작했다는 것만으로도 이 회사의 기술력은 이미 인정받은 셈이다. 또 한 가지 최근 들어 제품상용화를 실현시킨 펜싱용 휠체어는 세계 최초로 이 회사만의 특허기술이 접목되었다. 기존의 제품들은 경기시 보조원 한 명이 붙어야만 게임이 가능했다. 경기시 거리를 조절해야만 하기 때문이다. (주)휠라인은 선수가 거리를 자유롭게 조절할 수 있도록 프레임을 제작했다. 이에 따라 경기시 굳이 보조원이 있을 필요가 없어진 만큼 획기적인 기술이 아닐 수 없다.

이 같은 기술력을 탄생시킨 장본인은 바로 금동옥 대표다. 금대표의 청년시절로 시간을 돌려보자. 20대 시절 사고로 하반신 마비 장애를 입은 그는 학창시절 자동차정비 분야를 전공했던 터라 재활치료 후 자연스럽게 휠체어 수리에 관심을 갖고 뛰어들었다. 이 과정에서 활동형 휠체어가 전적으로 수입에 의존하고 있으며 이로 인한 장비 자체의 문제점과 사용자들의 애로점이 많다는 것을 인식하게 된다. 1999년 의욕 하나만을 무기로 사업을 시작한 그는 설계, 용접, 미싱 등의 기술을 독학으로 익히는 한편 해외 전시회까지 찾아다니면서 제품개발을 위한 노력을 기울였다. 활동형 휠체어는 워낙 특수한 시장으로 양산이 쉽지 않은데다 기술력도 필요로 하다 보니 혼자만의 힘으로는 버거웠다. 이 때문에 2000년 대 중반 2년 정도는 사업을 접고 갈등에 빠지기도 했다. 그 후 스포츠형 휠체어 맞춤제작으로 사업아이템을 재조정한 후 2007년부터 본격적인 기술개발에 몰두하면서 제품의 종류를 다양화시켜왔다. 2011년 회사가 사회적기업으로 지정되면서 사업은 보다 활성화되어 오늘에 이르게 되었다.

2007년 이전까지만 해도 장애인들이 스포츠경기 시 사용하는 휠체어는 하나같이 수입제품이었지만 지금은 농구, 사격, 펜싱, 럭비, 스포츠댄스 선수용 휠체어가 (주)휠라인에서 생산된다. 국내 장애인 스포츠선수들이 타는 휠체어의 경우 펜싱은 90%, 럭비는 50%가 이 회사의 제품이다. 그간 고가의 수입제품 위주였던 장애인스포츠 휠체어 시장 중 현재 30%가 (주)휠라인의 제품으로 수입대체 효과를 거두고 있다.

장애인인 금동옥 대표의 이 같은 성공스토리는 큰 박수를 쳐주어야 할 일임에 틀림이 없다. 무엇으로 창업을 할까를 고민 중에 있는 당신이라면 먼저 자신의 생활 속을 들여다보고 자신이 가장 잘 할 수 있는 일이 무엇인가를 진지하게 고민해야 한다. 우리가 찾는 정답은 늘 가장 가까운 곳에 있다는 진리를 절대로 우습게 넘기지 말아야 한다.

작가가 직접 만나본 창업 & 성공스토리
– 자전거용 조명을 개발한 (주)엔엘텍 신동우 대표

LED 자전거 조명 국내 최초로 수출한 중소기업의 CEO

자전거용 LED라이트 · 전기자전거용 배터리팩 전문생산 벤처기업 (주)엔엘텍은 일반인들에게는 다소 생소한 회사지만 유럽 자전거 메이커들에게는 LED라이트 생산업체로 잘 알려져 있으며, 국내에서도 MTB(mountain bike, 산악용 자전거) 마니아들이라면 모르는 이가 없을 정도로 유명하다.

전 세계적으로 최근 5년간 매년 30%의 성장률을 보이고 있는 자전거시장에서도 특히 MTB로 대표되는 고급화 전문화 시장은 향후 비전이 보이는 시장이지만 신생 중소기업이 뛰어들기에는 무리수가 따른다. (주)엔엘텍은 대기업들이 관심을 갖지 않는 틈새시장을 찾아냈다. 조명시장이었다.

할로겐에서 LED로 바뀌고 있는 자전거 조명시장에서 이 회사가 만든 배터리식 타입의 헬리오스(HELIOS)와 알티온(ALTION)은 단연코 돋보인다. 디자인을 접목시켜 제품의 이미지가 날쌔 보이고 신선한데다 빛을 적당히 모아서 쏘아주는 LED 광학기술을 내장하고 있기 때문이다. 이 회사의 제품은 2010년부터 MTB 인구들을 대상으로 인터넷 쇼핑몰에서 주로 판매되어 왔으며, 2011년부터는 수출도 본격화되었다. 2014년 5월 현재 영국과 독일에 MTB 및 생활 자전거용 라이트를 수출중이며, 2013년의 경우 전체 생산규모 18억 원 중 4억 5천만 원이 해외시장에서 발생했다. 기술력이 강한 이 회사는 LED를 이용한 조명기구에 이어 2차 전지 배터리팩도 자체 개발하여 올해부터는 일본으로 전기자전거용 배터리팩을 수출하고 있다. 매출 규모가 아주 크진 않지만 이쯤 되면 신생 벤처기업의 성공사례로 칭찬을 해주기에는 충분한 셈이다.

재미있는 사실 한 가지는 장미빛 청사진을 갖게 된 (주)엔엘텍의 탄생 배경이 의외라는 점이다. 30대의 젊은 기업인인 신동우 대표는 이공계 출신이 아니지만 사실상 (주)엔엘텍의 기술력 원천은 이미 8년 전부터 그의 손과 머리에서 시작됐다. 그는 이미 10여 년 전부터 MTB 마니아였다. MTB를 취미생활로 즐기다 보니 조명에 대한 관심이 높아졌고 이로 인해 취미가 자연스럽게 창업으로 이어진 케이스다.

신대표는 한 가지를 파고드는 집중력은 아주 강한 편이어서 먼저 자신의 자전거 조명부터 직접 LED로 만들어 사용했고, 2008년부터는 동호회 회원들의 부탁을 받아 만들어주다 보니 이게 사업화가 된 것이다. 좋아하는 분야이다 보니 2009년 독일에서 열린 유로바이크까지 찾아가 관람을 했고, 당시 전시장에서 만난 유럽 제품들을 보면서 기술력이나 디자인에 있어서 더 나은 제품을 만들 수 있겠다는 확신을 얻었다고 한다.

업력은 짧지만 이미 수출을 통해 기술력이 강하면 해외시장 진출이 국내 시장 개척보다 오히려 수월하며 규모도 크기 때문에 기업성장에 큰 힘이 된다는 것을 알게 된 (주)엔엘텍. 이 회사가 내수시장에서의 LED 조명 강자가 되는 것은 물론이고 향후 글로벌시장에서 얼마만큼의 달러를 끌어 모을지 사뭇 기대가 된다.

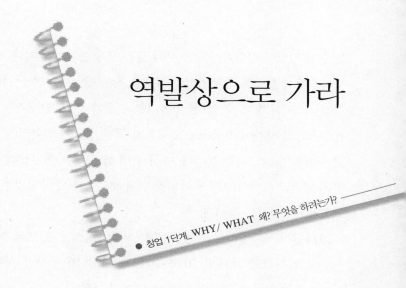

역발상으로 가라

● 창업 1단계 WHY/ WHAT 왜? 무엇을 하려는가?

　1924년에 발표된 현진건의 단편소설 '운수좋은 날'은 인력거꾼의 비애를 그린 작품이다. 인력거꾼 김첨지는 오래간만에 닥친 어느 하루 운수가 아주 좋은 그날은 평소와는 달리 아침부터 손님들이 줄을 이었기에 집에서 병으로 누워 있는 아내에게 주려고 설렁탕을 사서 귀가하지만 아내는 싸늘한 주검이 되어 있다는 내용이다. 이 작품은 일제 식민지시대 우리 민족의 현실, 특히 가난과 고통으로 살아가는 서민의 삶을 여과 없이 그려놓음으로써 한국 문학사에 있어서 1920년대 사실주의 문학의 기틀을 다진 대표작으로 꼽힌다.

　창업 지침서에 생뚱맞게 전혀 어울리지 않을 무슨 문학 얘기냐고 하겠지만 저자가 굳이 이 작품에 대해 짧은 이야기를 전하는 데는 다름 아닌 인력거꾼 때문이다. 수레에 사람을 태우고 사람이 직접 끌었던 인력거는 이제 탈것으로서의 역할과 기능으로부터 역사의 뒤편으로 사라졌다. 단지 이 세상 몇몇 유명관광지에서 과거를 더듬는 관광 상품이 되어 있다. 그 인력거를 끌던 직업인 인력거꾼도 볼 수가 없는 것은 당연한 일이다.

이쯤에서 창업을 꿈꾸면서 아이템을 찾는 당신이라면 현시대의 택시와 직업인으로서의 택시기사를 떠올려볼 필요가 있다. 인력거는 사라졌지만 100여 년의 시간이 지났어도 인력거가 했던 기능과 인력거꾼의 역할은 결코 사라지지 않았다는 것이다. 다시 말해 한 시대를 풍미했던 제품이나 직업은 영원히 사라지는 것이 아니라 단지 새로운 시대에 발맞추어 변화되고 업그레이드된다는 것이다.

2014년 미국 구인·구직 정보업체 '커리어캐스트'는 미국 노동통계국의 고용전망 자료를 토대로 2012~2022년 사이 10대 몰락 직종으로 농부(19%), 검침원(19%), 신문기자(13%), 여행사 직원(12%), 목공(9%), 항공기 승무원(7%), 천공기술자(6%), 인쇄공(5%), 세무업무원(4%) 등을 선정했다. 이 같은 예측에는 이메일, 소셜네트워크의 발달이 절대적인 영향력을 미쳤다. 신문기자는 온라인 및 새로운 형태의 미디어 영향력이 급속히 커지기 때문이며, 여행사 직원의 자리가 좁아지는 것도 소비자들이 직접 온라인 등을 통한 여행 정보 검색과 예약이 늘어나기 때문이라는 것이다. 반면에 커리어캐스트는 수학·통계 관련 부문을 향후 유망 분야로 전망하면서 통신·항공기정비·전자 관련 기술자, 웹개발자 등을 유망 직종으로 꼽았다.

비즈니스 아이템을 찾는 사람이라면 뉴스나 새로운 정보를 접할 때 분명 아이디어가 떠올라야 한다. 보통사람들의 경우 10대 몰락 직종은 시대에 뒤처지는 직업인 만큼 자신의 자식들은 가능한 한 선택하지 말았으면 좋겠다는 생각을 하겠지만 남다른 센스가 있는 창업자라면 역발상을 해야 한다. 몰락 직종으로 지목된 직업들이 있다면 반드시 그것을 대처할 만한 직종이나 비즈니스가 생겨날 것이며, 그 아이템을 개발한다면 전망이 확실한 비전 있는 신사업이 된다는 것이다. 보통 사람들은 뉴스를 접하는 순간 '그렇구나'라고 생각하면서 변화하는 그 자체에 대한 어떤 준비를 하겠지만 창업자라면 뉴스를 보고 접하고 적절히 그것에 대응하기 위한 자신의 마인드를 갖는 것에서 그칠 것이 아니라 'Why'를 먼저 떠올리고 원인분석을 통한 이유를 알아냈다면 다음은 'What'이 'How'로 나타날 것이라는 역발상으로 이어가는 것이다.

우리나라 벤처 1세대로서 성공신화를 썼던 미래산업의 창업자인 정문술 전회장은 **새로운 비즈니스를 개척하여 발 빠르게 성장 기회를 잡으려면 가장 먼저 '조짐을 읽어야 한다'**고 했다. 10년 후, 20년 후 세상이 변해갈 트렌드를 분석해 보고 거기서 신종사업 아이템이 발전할 수 있는 조짐을 알아차려서 빠르게 시장을 선점하라는 얘기다. 물론 무조건 앞서간다고만 해서 성공하는 것은 아니다. 다만 변화 예측에 신속하게 대응할 수 있는 사람들일수록 틈새시장을 개척하여 성공이라는 화려한 무대에 올라설 수 있다.

미래와 현실을 읽는 3가지 방법

POINT1   정부의 정책 변화에 주목하라

정부에서 새로운 정책을 발표하거나 준비중인 것으로 알려졌다면 눈을 크게 뜨고 귀를 기울여라. 자료를 스크랩하고 정책 변화에 따라 사회가 변할 미래의 모습을 그려보고 다양한 분석을 해보는 것은 필수다.

POINT2   경제전문 연구기관들의 미래 예측보고서를 참고해라

글로벌그룹이나 국책연구기관들은 미래의 변화와 경제 전망에 대한 예측을 발표한다. 기업 연구기관의 경우 인터넷상에서 회원가입을 하면 얼마든지 내용을 들여다볼 수 있다. 만일 접근이 어렵다면 매스미디어에서 일하는 주변 인맥을 통해 대신 알아볼 수도 있다.

POINT3   새로운 정보를 빠르게 입수해라

현대인들에게는 다리품 팔지 않아도 수없이 많은 정보를 수집할 수 있는 인터넷이라는 아주 좋은 정보 창구가 있다. 적극 활용해야 한다. 하루에 한번 새로운 뉴스나 이슈를 접하는 습관을 길들여라.

저가 혁명은
지속된다

● 창업 1단계_WHY / WHAT 왜? 무엇을 하려는가?

'싼 게 비지떡이다'라는 말이 맞을까? 아니다. 국민소득이 2만 4천 달러로 제법 높아졌지만 교육비는 물론이고 문화비용, 주거비용이 높아졌고, 국가 경제성장률이 둔화되고 있는 상황에서 서민들의 심리는 30여 년 이전의 절약이 미덕인 시대로 돌아간다.

우리 경제가 일본 경제의 판박이는 아닐지라도 많은 부분에서 일본의 전례나 트렌드를 따라가는 현상을 보여왔다. 이 때문에 입버릇처럼 해온 말이 '한국의 오늘은 20여 년 전의 일본과 같다'는 말이 나오곤 한다. 이제는 우리의 기술력이 강해지면서 전자, 기계 등을 비롯한 산업분야의 제조업이나 특히 세계 최강을 자랑하는 IT 분야의 기술력에서는 더 이상 통하지 않는 말이 되어버렸지만 여전히 20년 전 일본의 모습을 재현하는 분야들도 있다. 그 대표적인 예가 실버산업과 유통업이다.

1990년대 초반 저자가 일본을 처음 갔을 때 동경의 중심가에서 눈에 띄는 것들이 있었다. 대여섯 평도 채 안 되는 작은 점포들이지만 물건 가격이

싼 할인점 또는 균일가 전문점이었다. 화장품숍이 대표적인 소매점이다. 얼굴의 유분을 제거하는 크린싱 기름종이나 핸드크림 같은 여성들의 화장 보조용품이나 소품이 100엔에서 500엔 선으로 매우 저렴했고, 세트 제품이 아닌 소량 용기의 화장품 단품들이 저가로 판매되고 있었다. 당시 일본 출장 경험이 많은 여성부장은 내가 출장을 가기 전에 시부야 화장품숍에 가면 싼 제품들이 많으니 여직원들에게 선물을 하려면 그곳에 가서 사라고 귀띔을 해줄 정도였다.

그 즈음 한국에서는 80년대 후반 얼굴을 내민 편의점에 이어 대형 할인점들이 등장하던 시기였다. 유통업의 발전이 두각을 드러내던 시기였던 만큼 일본의 할인점과 균일가 전문점을 흉내 내는 점포들이 우후죽순격으로 생겨나기 시작했다. 이에 따라 '천냥하우스', '천원 숍'과 같은 소형 균일가 점포들이 여기저기서 눈에 띄었고, 일부 체인본사들은 거창한 마스터플랜을 내세우면서 생필품 균일가점, 할인점 시대를 선언하곤 했다. 그 이후로 대기업들이 참여한 대형 할인점 시장은 하루가 다르게 번창했지만 중소 유통업자가 운영하는 소형 할인점이나 균일가점은 문을 열면 1년도 못 버티고 폐점하는 사례가 줄을 이었다.

2014년 한국의 유통업 시장은 할인점 전성시대다. 대형 할인점에 이어 주거지역 밀착상권으로 뛰어든 SSM 그리고 대도시 외곽에 마치 명소처럼 자리하고 있는 아울렛들을 보면 할인점들의 승승장구가 실감이 난다. 이런 가운데 할인점 틈새시장을 공략하고 나서 대박(?)을 터뜨리는 곳이 있다. 20여 년 전 수많은 점포들이 생겨났다 문을 닫았던 균일가 전문점들 중 유일한 성공작으로 불리는 '다이소'다. 2013년 다이소의 점포 수는 로드숍 430개, 체인점 340개, 숍인숍 260개로 1,000개가 넘는다. 내로라하는 20여 개의 국내외 화장품 기업들이 핸드크림이나 샴푸 정도가 아닌 다양한 화장품을 공급하고 있다는 자체만으로도 다이소는 대형 할인점이 부럽지 않은 입장이다.

유통업계의 저가 혁명은 아침에 반짝했다가 저녁에 시들해지는 단기 트렌드가 아니다. 명품 매장이 20년 전이나 지금이나 그 진가를 발휘하듯이 할인점의 시장 정착은 인정할 수밖에 없는 현실이며 롱런을 보장받을 수밖에 없는 유통업태이다. 단 대기업의 파워로 시작된 것이 아닌 소형 매장인데다 천원 균일가 제품을 내세운 다이소의 성공요인에 주목하는 것은 매우 중요한 일이다. 특히 점포사업을 준비하는 입장이라면 더욱 그렇다. **다이소의 가장 큰 성공요인이자 핵심전략은 상품구성의 다양화에 있다. 다이소 매장에 가면 냉장고를 뺀 나머지 주방용품은 다 구입할 수 있다. 거의 모든 제품 가격이 1000원, 2000원, 3000원대로 저렴하면서 소비자가 원하는 다양한 상품구성력을 갖고 있다.** 균일가 전문점과 할인점을 내세워 나타났다가 단명한 수많은 업체들과 다이소의 차이점이 바로 이것이었다.

경기침체 분위기를 타고 최근 들어 저가 혁명이 확산되는 양상을 보여주고 있다. 프랜차이즈 제과점들의 절반가격보다도 더 낮은 가격으로 빵을 판매하는 제과점들의 등장은 그 단적인 사례이다. 독립 점포로 로열티를 내지 않아도 되고 매장 인테리어는 수수하게 하여 거품을 뺀 운영시스템을 추구하면서 가격은 저렴하되 맛도 좋으면서 착한가게(?)를 지향하는 것이다.

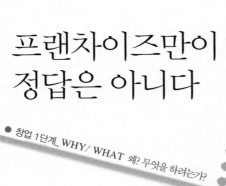

프랜차이즈만이
정답은 아니다

"퇴직하면 뭐 할 거야?"

"잘 나가는 체인점이라도 하나 해야지."

"체인점은 다 잘되는 줄 알아? 쉽지 않아."

"그렇다고 내가 뭐 해본 게 있어야지. 하다못해 통닭집이라도 하려면 체인브랜드 가맹점이 낫겠다 싶어."

우리 주변에서 흔히 들을 수 있는 대화다. 점포사업 경험이 없는 사람들 중에는 체인사업을 만만하게 보는 이들도 있지만 그들이 체인점이라도 해야겠다는 생각을 하는 이유는 딱히 스스로 창업할 만한 아이템이나 사업테크닉이 없기 때문이 아닐까 싶다. 현실이 이렇다 보니 문을 여는 점포만큼이나 문을 닫는 점포도 많은 게 체인브랜드 가맹점이다. 수요는 지속적으로 발생하는 만큼 시도 때도 없이 언론이나 전문가들로부터 돌팔매질을 당하면서도 체인사업본부가 늘어나는 이유도 다 이 때문이다.

우리나라 프랜차이즈 산업은 1970년대 국내에 도입된 후 현재 연간 96조 원의 매출과 133만 명에 달하는 고용창출로 국내총생산(GDP) 중 7.8%, 전체 인력시장 중 5.5%를 차지할 정도로 성장해 있다. 체인사업의 장점을 거론하는 측의 입장에서는 체인사업이 공동물류와 마케팅을 통한 선진 유통구조 도입으로 같은 가격에 어디서든 동일한 서비스를 제공하고, 체계적인 사업 시스템으로 안정적인 창업 기회를 마련하고 있다는 점을 높이 평가한다.

이런 장점에 정부도 손을 들어주는 것일까? 최근 산업통상자원부는 국내 프랜차이즈 기업을 글로벌 전문기업으로 키우기 위한 '프랜차이즈 해외진출 지원사업'을 본격 추진한다고 밝혔을 만큼 프랜차이즈 산업에 대한 기대가 크다. 이 때문에 정부에서는 토종 프랜차이즈의 세계화와 관련해 현지 시장에 대한 정보를 제공하고, 나라별로 동일하게 적용할 수 있는 마스터 프랜차이즈 표준계약서를 개발할 계획이라고 한다. 또 산업 활성화를 위해 대한상의, 유통물류진흥원과 함께 프랜차이즈 물류비 절감을 위한 공동물류센터 구축에 나서는 등 중장기 마스터플랜을 올해 말에 내놓겠다고 한다.

이런 정부의 야심에 찬 마스터플랜을 지켜보는 업계 관계자들의 시선은 어떨까? 프랜차이즈 창업가나 현재 사업을 하고 있는 가맹점주들 중에는 우리나라 프랜차이즈 산업의 경우 해외 진출보다 시급한 문제들도 적지 않다는 입장이다. 창업자를 진심으로 도와줄 수 있는 좋은 프랜차이즈 본사를 가려낼 수 있는 사회적 기능이 취약한 것을 가장 큰 문제점으로 꼽는다. 프랜차이즈 가맹점 중 상당수가 3년도 되기 전에 폐업이 진행되고 있다는 말이 나돌 만큼 프랜차이즈 브랜드 인지도만 믿고 가맹점에 투자했다가 적자 형태의 사업을 운영하고 있는 청년 창업자, 중년의 명퇴자들이 적지 않다는 것이다. 당장 국내에서의 소자본 창업 도전자들에게 올바른 정보와 지원을 치밀하고 다양하게 해야 한다는 것이다.

불황 속 창업아이템은 투자위험이 없으며 투자 회수율이 빠르고 변동 수익구조가 아닌 고정적 수익구조를 갖고 있어야 한다. 조금 이름값을 한다는 체인브랜드의 경우 안정적인 시장진입은 가능하지만 이와는 달리 단점도 많다. 초기 투자비용이 지나치게 높고, 상권에 따라 매출 등락폭이 크다. 여기에 임대료와 임금은 창업자들의 수익성에 걸림돌로 작용한다. 창업주들에게 가장 부담이 되는 임대료와 임금은 매년 상승하고 있는 것이 사실이다. 임대료, 임금 상승은 제품 가격 인상으로 이어지기도 하지만 가맹점주들의 근본적인 해결책이 되지 못한다. 이 때문에 가맹점들이 적자가 나고 그러다 문을 닫게 되는 사례가 늘어나면 결국에는 해당 프랜차이즈 브랜드의 가치도 하락하는 결과를 초래하게 된다. 그동안 같은 악순환이 체인사업의 병폐처럼 지속되어왔다.

이 같은 체인사업의 실태에 대해 전문가들은 체인본부의 책임감 있는 가맹점 육성 지원이 무엇보다도 중요하지만 듣기 좋은 달콤한 말들을 찾아가는 예비 창업주들의 마인드 또한 문제라고 지적한다. 체인본부에 근무했던 지인 중 한 사람은 예비창업자들의 경우 대다수가 오로지 수익에 있어서 최대치만을 기대하고 본사나 CEO에 대한 도덕성 따위는 관심을 갖지 않는 편이라고 말한다. 또 한 가지 전문가들이 하나같이 지적하는 프랜차이즈 업계의 실태에 대해 주목할 필요가 있다. 소비자의 니즈(needs)는 다양해지고 트렌드 변화 주기가 짧아지면서 문을 닫고 또 새로 생겨나는 업체가 속출하는 우리나라 프랜차이즈 업계의 경우 프랜차이즈 3~4천 개 중 60%는 최근 생겨난 브랜드라는 말이다.

그렇다면 저자는 이런 제안을 하고 싶다. 독립 점포로 시작하라는 것이다. 물론 모든 예비창업자들에게 체인브랜드 가맹점 창업은 절대 하지 말라는 얘기는 아니다. 체인브랜드 가맹점 창업에 비용적인 부담을 갖고 있다거나 장기적인 비전에 의문이 던져진다면 스스로의 노력과 능력으로 독립된 점포사업을 해보는 것도 좋다는 말이다.

터키에 가면 꼭 먹어볼 음식 중 하나가 바로 '로쿰'이다. 우리가 먹는 젤리와 유사하지만 터키인들에게는 엄청난 문화유산 중 하나다. 우리의 떡이 경조사시 상 위에 올려지듯이 터키에서는 로쿰이 올려진다. 좋은 일이냐 슬픈 일이냐에 따라서 로쿰의 색깔이 다르다. 예비창업자가 로쿰에 대한 저자의 말에서 주목할 것은 다름아닌 이스탄불에 있는 '하지베키르'라는 점포다. 자그마치 역사가 280여 년 된 로쿰 명가다.

5년 전 원고를 기고하는 경제잡지에 신고자 이스탄불 본점에 직접 찾아갔는데 창업자와 역대 사장들의 사진까지 걸려 있었다. 본점의 경우 유명세가 대단해서 문을 열 시간 즈음에는 고객들이 밖에서 줄을 서서 기다릴 정도다. 역사 깊은 본점답게 화려함보다는 고즈넉한 인테리어가 눈에 들어오고 흰머리에 깔끔한 옷차림의 매너좋은 지배인의 인사도 인상적이었다.

창업을 한다면 차려주는 밥상을 골라먹는 체인사업도 필요하겠지만 작은 점포에서 출발하여 지금은 터키의 명물 중에서도 명물이 된 하지베키르의 로쿰 같은 명품 브랜드를 직접 만들어내겠다는 야망과 꿈을 갖는 것은 어떨까 싶다.

프랜차이즈를 선택한다면 반드시 체크해야 할 리스트

POINT1 상품공급에 문제는 없는가?

원재료를 포함한 소스 또는 완제품 등 본사에서 지속적으로 상품을 공급할 수 있는지 여부에 대해 점검해라. 자체 생산라인과 물류센터를 구축해놓고 있다면 안심해도 된다.

POINT2 가맹본부의 자본금 및 자산은 얼마인가?

가맹본부의 자본력이 취약하면 다양한 문제가 발생한다. 또 계약 취소 시 반환받을 수 있는 보증금도 문제가 될 수 있으며, 하루아침에 도산하는 일도 발생할 수 있다.

POINT3 최근 3년간 매출액이 꾸준히 증가하고 있는가?

가맹본부와의 상담시 수익성(체인점 평균 매출 및 순이익)에 대한 기초자료를 확인하고 체인점 몇 곳을 직접 방문하여 영업 실태를 눈으로 확인하는 것이 좋다.

POINT4 영업지역을 명확히 하고 계약기간 중 보호해 주고 있는가?

전국적인 체인망을 목표로 사업을 추진하는 체인본사들의 경우 체인점 증가는 곧 자신들의 수익증가로 이어진다. 이 때문에 체인점을 무리하게 확장하게 되고 이럴 경우 신규 가맹점이 기존의 체인점의 영업권까지 침해하게 된다. 계약서 작성시 이 같은 문제가 발생하지 않도록 철저하게 명시해야 한다.

POINT5 전문분야 파트별 인력(조직)을 갖춘 회사인가?

실제로 현재 프랜차이즈 본사가 가장 많은 애로사항으로 꼽는 자신들의 문제이기도 하다. 각 전문분야 파트별 전문인력이 부족하면 많은 부분을 대행업체에 맡겨야 하므로 체인점들의 요구에 적극 대응하지 못하는 문제점이 있다. 또 마케팅에 있어서도 프랜차이즈의 특성을 알지 못하면 제대로 된 프랜차이즈 브랜드 마케팅을 할 수 없기 때문에 분야별 전문가의 역할은 매우 중요하다.

POINT6   CEO의 도덕성은 문제가 없는가?

프랜차이즈는 대외적인 이미지가 성패 여부를 좌우한다. CEO가 도덕적으로, 윤리적으로 건전한 사람이어야 한다. CEO가 도박, 사기, 불륜 등등의 문제로 뉴스화될 경우 체인점들에 미치는 그 파장은 매우 크다.

POINT7   본부는 기업의 사회적 책임에 기여하고 있는가?

프랜차이즈 본사는 기업이다. 요즘의 기업들은 사회적 책임에 관심을 기울여야 한다. 이는 기업의 대외적인 이미지와 신뢰도는 물론이고 경영자의 도덕성으로 도 이어진다. 대외적인 신뢰도가 중요한 프랜차이즈 특성상 반드시 필요한 부분이다.

POINT8   로열티 지급은 합당한가?

최근 들어서는 로열티를 받지 않는 체인본부도 많지만 업종에 따라서는 높은 로열티를 요구하는 곳도 있다. 로열티를 지급하게 될 경우 그에 합당하는 매출과 수익을 보장해 줄 수 있어야 한다.

거품 없는
무점포 사업을
찾아라

● 창업 1단계_ WHY/ WHAT 왜? 무엇을 하려는가?

　은퇴를 앞둔 베이비부머들이 창업을 꿈꾸면서 맨 먼저 떠올리는 것은 외식업이라고 한다. 성공을 보장 받을 수 있는 특별한 아이템이 있거나 남다른 손맛이 있다면 굳이 말릴 일은 아니다. 또 요식업체에서 경력을 쌓아서 기존의 업소들과는 차별화된 메뉴와 운영방식을 내세워 독립형으로 창업하는 경우라면 박수를 쳐줄 일이다. 하지만 소위 '요즘 뜨는 사업'이라는 트렌드만 믿고 이곳 저곳 체인 본사 문을 두드리다가 고민 끝에 결정하여 일을 저지르는 식의 창업이 될 거라면 시작 전에 창업에 대한 신중한 분석과 충분한 검토는 필수다.

　생계형 소자본 창업을 한다면 적어도 폼 잡고(?) 시작하는 비즈니스는 자제해야 한다. 성공에 대한 담보 없이 무작정 사업에 뛰어들었다가 1~2년도 못 버티고 무너지는 창업자들이 부지기수이기 때문이다. 특히 그럴 듯한 인테리어에 나름대로 잘 알려진 브랜드를 상호로 내걸고 이벤트팀까지 불러 화려한 개막을 하는 점포 창업에 대해서는 많은 생각을 해 볼 필요가 있다. 거품이 없는 창업을 준비하는 것이야말로 정말 똑똑한 새로운 인생 설계다. 창업아이템이나 창업자의 연령대가 따로없는 그야말로 다양하고 무한한 영역의 서비스로 확대되어 가고 있는 무점포 사업이라면 그 대안이 될 수도 있을 것이다.

크리닝 실내환경업체는 병원과 어린이집을 주 고객으로 삼고 정기적으로 방문해 세균, 곰팡이, 악취 등을 제거하고 실내 공기를 청정하게 관리해 준다. 일반 가정집 중 소득 수준이 높은 맞벌이부부 가정도 대상고객이다. 가정의 경우 침대 청소, 애완동물 클리닉, 새집증후군 클리닉, 집 진드기 제거 같은 서비스를 제공한다. 4년 전 이 사업에 뛰어든 S씨의 경우 당시 창업비용은 1000만 원으로 가능했다. 무점포 사업이기 때문에 가능했다. 그의 월 평균 소득은 300만 원 정도로 하루 너댓 시간 일하고 버는 수입치고는 꽤 짭짤한 편이다.

도배 경력 14년차인 K씨는 1년 중 좀 한가한 시즌 한두 달을 제외하고는 일주일에 하루 쉬기가 힘들 정도로 일에 묻혀 산다. 직접 도배 일도 하지만 주 업무는 재료를 구입하여 두세 곳의 작업현장에 갖다 주고 고객이 원하는 컨셉에 맞게 작업할 수 있도록 작업지시를 하는 한편 새로 들어오는 일거리와 일을 마친 곳 수금 등 주로 관리와 지원업무가 많은 편이다. 경력이 쌓이다 보니 별도로 영업하지 않아도 예전에 작업했던 숙박업체나 인테리어 시공업체들이나 주변 업체들로부터 소개받은 고객들로부터 먼저 연락이 오는 편이어서 일거리가 많은 편이다. 도배일 자체가 자재와 작업도구들만 차에 챙겨서 다니며 일할 수 있어 굳이 점포나 사무실을 필요로 하지 않다 보니 지출비용도 적은 편이다. 자재비용, 도배사 인건비와 회식비, 기타 잡비 등을 다 제하더라도 K씨의 월평균 순수입은 500만 원 이상이다.

S씨와 K씨가 아니더라도 무점포 비즈니스로 고수익을 올리거나 직장생

활 못지않게 안정적인 수입을 올리는 이들은 수없이 많다. 사업 아이템도 다양해 실내환경관리, 청소대행, 하우스리폼, 바비큐파티 행사, 백일상 대여, 배달음식, 방범방충문 설치 및 수리, 컴퓨터 A/S, 인쇄편의점, 오픈마켓, 핸드메이드, 자판기 등등 무점포 비즈니스의 종류는 셀 수없이 많다. 특히 2천년대 들어서는 휴대폰과 노트북컴퓨터, 이동형 카드결제단말기 등 이동통신기기의 발달로 인해 점포나 사무실 없이도 언제 어디서나 업무처리가 가능하고 서비스 대상 지역 또한 광범위한 편이어서 무점포 사업은 그 어느 때보다도 춘추전국시대를 맞이하고 있다.

무점포 사업의 장점은 무엇보다도 적게는 몇 백만 원으로도 창업이 가능하다는 것이다. 점포나 사무실, 그리고 시설비용이 없어 설령 실패하더라도 그로 인한 경제적 후유증이 적은 편이다. 게다가 하루 몇 시간 정도만 집중적으로 일하고 나머지 시간은 가정을 돌보거나 투잡을 할 수도 있고 공부나 취미생활을 즐길 수 있는 여가시간이 많다는 것도 장점으로 꼽힌다. 이 때문에 요즘은 얽매인 직장생활보다는 자유로운 생활을 추구하는 젊은층의 무점포 창업도 늘어나는 편이다.

단, 무점포 비즈니스 창업을 하더라도 신중을 기해야 하는 것이 있다. 소자본이라고 해서 가볍게 여기고 창업해서는 안 된다는 것이다. 무점포 창업은 창업비용이 적다는 것에 이끌려 쉽게 시작하는 경우가 많지만 어려움에 부딪히면 쉽게 포기해 버리는 이들이 많은 편이다. 세상에 공짜란 없다는 말이 있다. 무점포 창업은 투자비용이 적은 만큼 대박을 내기 힘들고 체력 소모가 많을 수밖에 없다. 따라서 자신이 감당할 수 있는 사업인지 면밀히 검토한 후에 결정하는 게 바람직하다.

무점포 비즈니스 관리 포인트 5

POINT1 고객 관리가 매우 중요하다

고객 관리를 통해 재구매가 일어나고 단골 고객이 신규 고객을 소개해 주기 때문이다. 무점포 창업은 적극적으로 영업 활동을 펼치고 철저한 서비스를 제공해 입소문이 나게 해야 한다.

POINT2 철저한 자기관리도 필요하다

혼자 운영하는 경우가 많아 자칫 나태해질 위험성이 있으므로 운영 계획서 및 업무 시간표를 작성해 놓고 그대로 실천하는 것이 좋다.

POINT3 대화 스킬을 익혀라

서비스업과 병행하므로, 상품을 판매할 때는 고객과의 대화가 중요하다. 상품의 특성과 사용법을 숙지하고 요점만 쉽고 간단하게 설명할 수 있어야 한다.

POINT4 경험을 쌓은 후 시작해도 좋다

창업은 서두른다고 해서 결코 좋은 것은 아니다. 특히 무점포 사업이라고 해서 위험부담이 적다는 이유로 충분한 스킬도 없이 시작하는 이들도 많다. 절대 금물이다. 최소 6개월 정도는 경험을 통해 시장을 정확히 알아보고 또 기본을 배운 후 창업하는 게 현명하다.

POINT5 변화에 맞게 업그레이드시켜라

신규 창업은 경쟁률과 리스크, 고객의 니즈, 트렌드를 잘 파악해 선택하는 것이 중요하다. 진입장벽이 낮거나 잠깐 반짝하는 트렌드에 따라가기보다는 고객의 니즈와 트렌드를 읽고 틈새시장을 노려야 성공 가능성이 높다.

트럭점포도
해볼 만하다

● 창업 1단계 WHY/ WHAT 왜? 무엇을 하려는가?

적은 비용으로 시장을 탐색해 가면서 사업을 성장시키고 싶다면 로이 최와 데이비드 쉴레이스 이 두 사람을 주목해 볼 필요가 있다. 불고기가 든 '한국식 타코'로 로스앤젤레스는 물론 미국 전역에서 성공을 거둔 재미교포 로이 최는 2014년에는 코리아타운에 388개의 객실을 갖춘 '더 라인(The Line)'이라는 호텔을 오픈하면서 호텔레스토랑 사업에도 뛰어 들었다. 그의 비즈니스 성공 발판은 '고기(Kogi)'라는 푸드트럭(Food truck)이었다. 데이비드 쉴레이스(David Shillace)는 창업 4년 만에 맨해튼 지역에 두 개의 레스토랑을 열고 고객의 입맛에 맞춘 케이터링까지 서비스를 확장하여 소자본 창업을 준비하는 사람들의 성공모델이 된 멕시큐의 CEO다. 데이비드 또한 창업의 시작은 푸드트럭 '멕시큐(Mexicue)'였다.

음식조리가 가능한 시설을 갖춘 트럭을 점포삼아 운영하는 **푸드트럭은 무엇보다도 점포 창업비용의 10분의 1 정도의 적은 돈으로 시작할 수 있다는 것이 가장 큰 장점이다.** 특히 푸드트럭은 도시의 어느 곳이든 찾아갈 수 있어 새로운 브랜드를 론칭함에 있어서 브랜드 자체를 알리고 소비자 타깃을 누구로 잡을지 결정하는 데 큰 도움이 되는 것으로 알려진다.

'고기(Kogi)'나 '멕시큐'와 같은 푸트트럭의 대 성공사례는 흔치 않은 일이지만 소자본으로 창업이 가능하다는 이유로 미국 현지에서는 최근 몇 년 동안 푸드트럭 창업 붐이 일어나게 한 주역이다. 현재 LA카운티에만 3,200대 이상의 푸드트럭이 운행되고 있다고 한다. 푸드트럭이 인기를 끌자 기존 식당들도 실험적으로 푸드트럭 시장에 뛰어들고 있을 정도다.

국내에서도 푸드트럭 형태의 차량을 이용한 이동식 식품 판매사업은 이미 오래 전부터 이어져온 장사로 현재 곳곳에서 성업 중이다. 특히 가구 수가 많은 아파트 단지에서는 야채를 비롯한 식자재, 치킨이나 족발 같은 야식, 다양한 반찬, 돈가스, 과일 등 그 종류가 매우 다양하며, 요일별로 지역을 바꿔가며 장사를 하는 등 트럭비즈니스로 자리매김하고 있는 상황이다. 다만 미국에서 성업 중인 푸드트럭과의 차이점은 국내의 경우 도심에서 직장인이나 행인들을 대상으로 한 한 끼 식사 대용 먹거리를 팔기보다는 아파트 단지 내에서 주부들을 주 고객으로 삼고 있다는 점이다. 브랜드로 발전시키는 사업이기보다는 임시방편의 떠돌이 사업이라는 인식이 강한 편이어서 장기적인 성공비즈니스로 삼기에는 부족한 점이 많다. 또 유원지나 도로변에서 낮 시간에 커피나 과일을 판매하거나 심야에 먹거리를 판매하는 트럭도 적지 않지만 이들의 경우 불법 노점으로 간주되고 있어 당당하지 못한 입장에서 판매를 한다.

이처럼 비전이나 안정성에 있어서는 단점이 많은 장사임에도 그 종류가 다양해지고 갈수록 증가 추세다. 이유는 창업비용이 부족한 실직자들에게는 우선 당장 먹고 사는 문제가 해결되고 잘 될 경우에는 수익이 짭짤하여 점포 사업으로 이어갈 수 있는 장사 밑천을 만들 수 있기 때문이다. 비근한 예로 즉석두부로 창업한 지 한 달도 안 되어 하루 40여만 원의 매출을 올리는 것으로 매스컴에 소개된 F씨의 경우 국산 콩을 원료로 즉석두부 판매점 12모짜리 두부 판 12개를 하루에 거뜬히 팔아치운다. 큰 매출을 올리는 것은 아니지만 적은 비용으로 창업이 가능했다. F씨의 창업비용은 5백 70만 원을 주고 구입한 중고 소형 트럭에 두부 기계를 부착하고 초도 원료구입 비용 등을 포함해 총 1천 7백만 원으로 모든 게 해결됐다.

점포창업을 할 만한 자금이 없고 자칫하면 큰돈을 날릴 수도 있는 창업의 위험성을 최소화하는 트럭창업의 전망은 앞으로 한층 밝아질 전망이다. 2014년 하반기부터 국내에서도 도심공원에서는 푸드트럭 영업이 가능해졌다. 정부가 확정, 발표한 '자동차 튜닝 산업 진흥대책'에 따르면 그 동안 금지되던 푸드트럭과 캠핑카 같은 여가형·생계형 튜닝은 안전검토 등을 거쳐 허용될 예정이다. 단 캠핑카는 소화기와 환기장치, 오수 집수장치 등을, 푸드트럭은 0.5m²의 최소한의 적재 공간을 갖추고 안전·환경시설을 설치해야 한다.

이에 따라 튜닝시 승인을 받아야 하는 부품과 대상도 줄어든다. 현재 자동차관리법에 따르면 7개 구조 중 2개, 21개 장치 중 13개 항목을 변경할 때는 반드시 승인을 받아야 하지만 앞으로는 방향지시등과 안개등·주간주행등·후미등 등 전조등을 제외한 나머지 등화장치를 튜닝할 때는 별도로 승인을 받지 않아도 된다. 또 정부는 보험사가 튜닝 부품이나 튜닝 자동차의 손상을 보장하는 보험상품의 개발도 유도할 계획이어서 튜닝 소비자를 위한 보호장치도 마련될 예정이다. 이뿐만이 아니다. 인터넷을 통한 튜닝 신청이 가능해지며 승인서 교부도 당일에 가능해지는 등 절차도 간소화된다.

푸드트럭에 대한 정부 정책이 이 정도로 획기적인 변화를 실행하게 된다면 창업자들이 할 일은 아이템 선정과 장소 섭외가 될 것이다.

귀농도
창업이다

● 창업 1단계_ WHY / WHAT 왜? 무엇을 하려는가?

　요즘 달콤한 전원의 꿈을 꾸면서 귀농을 준비하는 사람들이 적지 않다. 귀농 붐은 이미 10여 년 전부터 하나의 사회트렌드로 부각되고 있다. 2001년 880호에 불과했던 귀농·귀촌 가구 수는 2013년에 32,424가구(56,267명)로 무려 36.85배 늘어났고, 2012년보다는 20.06% 증가한 것으로 나타났다.

　70~80대 기성세대들이 30~40년 전 농촌을 버리고 도시로 나왔다면 그 자식세대들인 40~50대 중장년들은 다시 귀향을 준비하는 추세다. 귀농·귀촌 가구 중 베이비붐 세대인 50대가 주축을 이뤄 2013년에는 귀농·귀촌 가구의 32.16%(10,420가구)를 차지했다. 나이가 들면서 인간미가 사라진 빌딩숲과 복잡하고 빠르게 돌아가는 도시생활로부터 벗어나 자연 속에 파묻힐 수 있는 전원생활을 하고 싶은 게 현대인들의 로망이다. '저 푸른 초원 위에 그림 같은 집을 짓고 사랑하는 님과 함께 한 백년 살고 싶네'라는 유행가 가사처럼 할 수만 있다면 이보다 더 좋은 삶이 있겠는가.

　귀농은 수채화 같은 낭만이 아니라 현실이다. 휴식을 위한 귀촌이라면 그럴 수도 있겠지만 적어도 땀 흘려 일하고 그 열매를 기대하는 귀농준비자라면 전원생활의 화려함은 일단 잠재워야 한다. 세상사 모든 일이 그렇듯이 영화 속 한 장면처럼 넓은 농장 한가운데 멋진 집을 짓고 가끔씩 찾아오는 지인들과 와인파티를 벌이는 일은 시간을 두고 천천히 만들어가야 할 과제라고 여기면 좋을 것 같다. 과거의 농부들이 농사를 지어 자식을 가르치고 생계를 유지해 나가는 생업이었듯이 귀농은 새로운 창업인 셈이다. 2년 전 저자는 취재를 위해 봉화의 햇살찬 산사과 농장주인 박덕순씨를 만나본 적이 있다. 그의 귀농이야기라면 귀농 창업을 준비하는 이들에게 적절한 메시지가 되지 않을까 싶다.

9년 전 귀농을 실행으로 옮긴 그는 이제야 한숨 놓았다고 말한다. 아내와 함께 차 한 잔의 여유를 즐기는 목재로 만든 테라스마저도 6년이 지나서야 설치했고, 봄이나 가을, 지인들과 친구들을 초대하기 시작한 것도 불과 3년 전부터다. 모든 사업이 안정적으로 자리매김을 하려면 적당한 시간이 필요하다는 창업성공의 지침처럼 귀농 또한 낭만이 아닌 생활의 귀농 속에 안정된 정착을 하려면 최소한 5년은 '나 죽었소'하면서 모든 열정과 관심을 오로지 농사와 현지화에 쏟아야 한다는 게 그의 성공귀농을 위한 강력한 지론이다.

박덕순씨의 귀농은 투자비용과 시간 대비 꽤 빠르게 자리매김을 한 성공사례다. 전세방 한 칸 값도 안 되는 비용으로 3천 평의 토지를 구입하고 지자체 지원자금을 적극 활용하여 사과농장을 일군 뒤 3년차 되던 해부터 수익을 내기 시작했다. 귀농 9년차를 맞이한 그는 3천 평의 사과농장에서 연간 1억 2천만 원의 매출을 올리는 농장주인이 되었다. 생산성을 따질 때 사과나무의 수명을 20여 년으로 잡는다면 앞으로 12년간은 그간 다져놓은 경영 기술과 마케팅 노하우로 안정적인 수입을 유지하면서 크게 힘든 일

없이 한결 수월하게 귀농생활을 이어갈 것이다.

이뿐만이 아니다. 귀농 당시 지가상승에는 큰 관심없이 오직 산사과 재배를 목적으로 해발 450m의 고지대에 위치한 밭을 구입했다. 200여m 전후방에 민가 한 채 없는 외딴 곳이었으니 별다른 욕심이 없었다. 탐스럽게 익은 빨간 사과가 주렁주렁 열려 마음이 부자인 그런 사과농장을 만드는 것만이 목표였다. 하지만 세월이 흐른 지금 사과농장의 지가는 크게 뛰어올랐고 과수원 부지인 만큼 그에 따른 프리미엄이 있어 어림잡아 10배의 가치를 만들어냈다. 물론 투기를 위한 것이 아니었으므로 박덕순씨는 지가상승과는 상관없이 직접 사과를 재배한다는 생각엔 변함이 없다.

귀농 귀촌을 해서 박덕순씨처럼 성공적으로 안착을 한다면 더할 나위 없이 좋겠지만 농업으로 수익을 올리거나 농촌생활에 잘 적응해 나가는 일은 도시에서의 비즈니스나 직장생활보다 결코 쉽거나 단순하지 않다. '친구 따라 강남 간다'는 말처럼 귀농 귀촌 붐을 타고 농촌으로 내려갔다가 3~4년도 못 버티고 짐 싸서 도시로 돌아오는 이들도 적지 않기 때문이다. 게다가 귀농 실패의 심각성은 도시로 돌아오는 것에서만 끝나지 않는다는 데 있다. 요즘의 농업은 논농사든 밭농사든 기계영농이 필수여서 땅을 구입하는 것은 접어두고라도 트랙터, 이양기, 콤바인 등의 장비 없이는 농사를 지을 수 없는데다 농사에 필요한 시설비용도 만만찮다. 노년기를 보낼 자금을 다 쏟아 붓고도 모자라 금융권 대출까지 받은 상황에서 실패로 끝나면 빚더미에 올라앉는 격이 되기 때문이다. 한마디로 귀농 귀촌을 너무 만만하게 여기다가는 큰 코 다친다는 말이다.

이쯤에서 귀농실태를 확인해 보자. 귀농 가구 수 지역별 분포도를 보면 경상북도가 2,087가구로 가장 많았고, 전남 1,825가구, 경남 1,348가구 순이다. 가구당 평균 재배면적은 0.46ha로 0.5ha 미만이 72.2%이며, 2.0ha

이상은 1.8%다. 이는 다시 말해 기업농보다는 소농이 대다수를 차지한다는 얘기가 된다. 자기소유의 농지에서만 작물을 재배한 순수자경가구는 55.7%이며, 타인 소유의 농지를 빌려 작물을 재배한 임차가구가 44.3%를 차지한다. 최근 들어서는 베이비부머들 못지않게 40대 이하의 젊은층 귀농이 두드러지게 늘어 지난해 12,318가구로 37.99%를 차지했다.

은퇴인력들의 재취업 문제나 농촌의 폐허화가 국가적인 문제가 되다 보니 정부에서는 귀농 귀촌에 대해 발벗고 나서는 눈치다. 농식품부는 귀농귀촌인의 6차 산업화 창업을 지원하여 가공품 생산·유통·판매·체험관광·서비스 등 6차 산업 활성화 핵심 주제로 전문가와 마을리더를 육성할 계획을 밝히기도 했다. 전국 9개 「6차산업 활성화 지원센터」 전문가 풀에 지역 내 다양한 전문성을 가진 귀농귀촌인을 포함시켜, 기술, 경영, 유통, 디자인, 마케팅·홍보 등 맞춤형 상담자 및 컨설팅요원 등으로 활동케 할 방침이라고 한다.

또 정부는 농산업 일자리 제공 확대를 위해 귀농귀촌인들이 활용할 수 있는 농산업인턴제의 인원을 확대하고, 현재 39세 미만인 연령 제한을 49세로 완화했으며, 맞춤형 지원체계 구축에도 적극적이다. 귀농선배, 마이스터, 신지식농업인 등을 1 : 1 멘토로 지정해 농촌생활, 농업기술 등 귀농인의 정착을 돕는다. 비닐하우스 등 시설설치 지원을 위한 규제를 완화하고, 주택구입자금의 대출이율을 현재 3%에서 2%~2.7%(65세 이상 2%)로 인하했다. 대출한도도 현재 4천만 원에서 5천만 원으로 상향 조정한다. 창업자금의 경우 현재 귀농 후 5년 이내에 1회만 대출을 받게 한 것을 2회까지 받을 수 있도록 개선해 규모를 확대하려는 귀농인의 영농을 적극 지원한다. 최근 몇 년 사이에 40대 이하 젊은 층 귀농인구 증가 현상은 이와 무관하지 않은 듯하다.

도시에서의 창업과 마찬가지로 귀농 귀촌에서 실패하지 않으려면 철저한 사전 준비와 신중한 선택이 필수다. 주택과 농지 마련, 작목 선택, 기술 습득, 자금 준비는 물론이고 수확한 작물을 어떻게 팔 것인지에 대한 마케팅 계획도 매우 중요하다. 귀농지의 토양, 기후, 교통, 전기, 수리 조건 등을 종합적으로 살펴보는 것도 농지사용 및 주택 마련에 필요한 법적인 문제 또한 꼼꼼히 확인한 후 시도해야 한다. 특히 성공적인 귀농 정착을 위한 가장 중요한 과정은 사전에 충분한 교육과 정보를 습득하고, 자신감을 얻어서 실행하는 것이 바람직하다. 농촌진흥청과 산림청의 문을 두드리면 해당 부서에서 필요에 따라 실시하는 전문교육 정보를 얻을 수 있으며, 지자체인 각 도 농업기술원과 시군농업기술센터에서도 지역에 맞는 맞춤형 전문교육을 진행하고 있다. 이외에도 정부에서 지정한 사설교육기관이 서울에 12개소, 경기도 8개소 등 전국적으로 36개 교육기관이 있어 귀농귀촌종합센터 홈페이지(www.returnfarm.com)나 전화 1544-8572에 문의하면 친절히 안내받을 수 있다.

귀농 테크닉

POINT1   늦어도 50대 중반에는 시작해야 한다

농사는 노동력이 바탕이 되어야만 하는데 초창기 정착기는 더욱 그렇다. 70세 이후에는 직접 농사를 지을 수 없다고 한다면 어떤 작물을 선택하든 60세 이전에는 정착을 하여야만 그 후로 안정적인 수익을 얻을 수 있다고 본다. 60세 이후에 귀농을 하여 농사를 짓게 된다면 체력적으로 한계에 부딪히고, 수익면에서 안정을 찾는 시기도 늦어지므로 여러모로 어려움이 따른다.

POINT2   자가 농장만을 고집할 필요는 없다

최근 들어 농촌의 지가도 상승했다. 특히 귀농인구가 늘고 있는 지역들의 경우 크게 달라졌다. 최소 3~4억 이상을 투자하지 않으면 땅 사고 집 짓고 하는 초기 비용을 감당하기 어려워진다. 자금력이 충분하지 않다면 임대 가능한 토지가 많으므로 땅은 임대를 하는 것도 현명한 방법이다. 우선 몇 년간 임대토지에 농사를 짓다가 수익을 낸 후 토지를 구입하는 것도 바람직하다.

POINT3   작물선택을 정확하게 하고 귀농해라

고추농사 지을까? 사과 과수원을 할까? 식으로 뚜렷하게 작물을 선택하지 못한 상태에서 귀농하는 이들이 적지 않다. 이럴 경우 남들이 하는 작물을 따라하기 십상이며 자칫하면 실패하거나 뒤차를 탈 수도 있다. 귀농하고자 하는 지역에서 재배 성공률이 높고 자신이 좋아하는 작물을 선택해야 한다. 사전에 철저하게 조사하고 고민하여야 한다.

POINT4   농기구 및 자재는 일괄 구입해라

농사를 지을 때 필요한 기구들이 한두 가지가 아니다. 보통 농가 창고에는 수 십 가지의 농기구들이 있다. 농촌 지역의 경우 유통비용 때문이지 의외로 가격이 만만찮다. 먼저 리스트를 만들어 대도시 도매상에 가서 일괄 구매하는 것이 비용을 크게 줄일 수 있다. 다리품을 팔더라도 몇 군데 시장조사를 한 후 구매하는 것이 좋은 방법이다.

POINT5 반드시 부부가 함께 귀농해야 한다

남편은 농촌에서 일하고 아내는 도시에서 자녀들과 생활하는, 이를 테면 두 집 살림을 하는 경우도 있다. 요즘 농촌은 노동력(인력)이 부족해 많은 어려움을 겪고 있다. 힘든 일은 남편이 하고 아내가 보조만 하더라도 큰 도움이 되며 생산성도 매우 높아진다. 초창기 혼자서 일을 할 때는 많이 힘들었고 외로웠는데 아내가 본격적으로 같이 일하게 되면서 혼자서 세 시간 하던 일이 한 시간으로 줄었다고 한다. 건강면에서도 부부가 함께 생활해야만 좋은 점이 많다.

POINT6 정부 귀농지원정책에만 의지하지 마라

최근 들어 정부나 지자체에서 귀농을 환영하는 입장이고 이런 저런 지원책을 내놓고 있다. 그러다 보니 여기저기서 소문만 듣고 지원정책에 의지하려는 사람들도 있는 것 같다. 대외적으로 공개되는 지원정책들이 많더라도 지역에 따라 다르고, 대상에 따라 수혜자가 되기도 하고 안 되기도 한다. 지원정책에만 너무 의지하려고 하지 말고 스스로 철저한 준비에 최선을 다해야 한다.

저자가 직접 찾아간 귀농마을 – 솔뫼유기농업 조합원들

삶의 질에서 가치를 찾는 사람들

청풍명월의 고장으로 알려진 충북 괴산군 청천면 이평리. 이 지역은 전통적인
농촌마을로 예나 지금이나 지역민들은 대부분 소농들이다. 농촌지역들이 농업
인구 감소와 고령화로 생기를 잃어가고 있는 상황이지만 이곳은 조금 다르다.
중장년층 농사꾼들을 만나는 것이 그리 어렵지 않다. 그 중심에는 다름 아닌 솔
뫼유기농업 영농조합법인 회원들이 있다.

이평리 솔뫼유기농업 영농종합은 기존 농민들과 귀농 농민들이 하나가 되어 만
들어진 생산자 단체로 지난 1995년 4농가로 출발했다. 귀농인구의 증가로 지금
은 토박이 농가 4가구를 포함해서 총 19농가 27명으로 결성된 이 단체는 '따로
또 같이'라는 농업과 생활방식을 통해 소농의 오늘과 희망적인 미래를 보여주
는 대표적인 사례다.

솔뫼농장 조합원 농가들은 각자의 농사거리를 유지하되 유기농 농업을 추구하
면서 각자 생산한 농산물을 지난 1986년부터 생명농업을 바탕으로 생산자와
소비자 간의 직거래운동을 펼치는 생활협동조합 '한살림'으로 유통시킨다는
데 공통분모를 두고 있다. 예를 들어 토박이 농업인인 김철규씨는 2천 3백 평의
벼농사와 곰취를 비롯한 산나물 농사 4백 평을 짓는다. 또 귀농 5년차이자 조합
법인 상무를 맡고 있는 박창수씨는 벼농사 2천 평, 오미자 7백 평, 곰취 2백 평
규모의 농사꾼이다. 회원들의 농업규모는 평균 2천~3천평의 농지를 소유하고
있으며, 식량자급자족을 위한 벼농사를 기반으로 한두 가지의 시설채소나 특용
작물을 재배하는 식이다.

솔뫼농장 조합원들은 일반 소농들에 비해서 판로에 대해서는 걱정이 없는 편이
다. 이들이 생산한 농산물들은 화학비료와 농약을 사용하지 않은 유기농산물로
생협으로 전량 판매되기 때문이다.

기존 소농들과 차별화되는 솔뫼농장 소농들의 또 한 가지 특징이자 장점은 농한기 공동사업을 통해 큰 돈은 아니더라도 생활비에 도움이 되는 인건비라도 벌수 있다는 것이다. 조합에서는 11월부터 2월까지 겨울철 농한기에는 조합 가공공장에서 '괴산청결고추'로 고추장과 메주를 만든다. 지난해의 경우 연간 4억 원의 매출을 올렸다. 이 정도 규모면 조합원들이 매일같이 가공 포장에 메달려야 한다. 제품은 전량 한살림 생협으로 판매되며 원재료구입비, 제조비, 인건비 등을 제하고 나면 큰 돈이 남는 것은 아니지만 이렇게 얻어진 수익은 조합원들의 복지를 위해 적립된다.

소농들이 유기농생산물로 수익을 크게 올리는 일은 결코 쉽지 않다. 일기변화와 같은 예측불허의 상황 발생이 잦은데다 병충해와의 싸움(?) 또한 만만찮기 때문이다. 일찌감치 1994년에 이곳으로 들어와 조합을 결성하고 지금까지 중추적인 역할을 해온 조합의 김의열 총무는 "우리 같은 소농들은 농업을 통해 돈을 번다고 생각하면 농사를 지을 수가 없습니다. 다만 농촌과 자연, 그리고 환경과 미래에 대한 생각이 같고 나눔과 협동을 실천하는 농촌생활을 자청한 사람들이기에 지금의 현실에 크게 불만을 갖지 않고 살고 있는 거죠."라고 말한다.

'돈 계산을 하면 슬퍼서 농사를 지을 수 없다'는 솔뫼농장의 소농들은 농업을 통한 소득증대보다는 생명과 친환경을 중시하는 삶의 질에 가치를 둔다. 또 도시 소비자와 학생들 대상으로 실시하는 생명학교를 열고, 지역에 상주하는 지도교사를 활용하여 방과 후 자녀 교육에 대처하는 공부방을 운영하며 주기적인 모임으로 농업정보를 교류하는 등 공동체 문화를 유지함으로써 농업의 애로점을 극복하고 있다.

귀농귀촌종합센터

귀농농업 창업 및 주택구입지원사업시행지침(2014년)

농어업 창업자금은 2억 원 한도 내에서, 주택구입 자금은 5천만 원 한도 내에서 대출을 받을 수 있다. 사업대상자 선발은 귀농하는 지역의 행정기관에서 담당하고, 자금대출은 농협에서 담당한다.

지자체(시, 군)별로 귀농인에게 이사비용이나 빈집수리비용을 일부 지원하는 시책을 추진하기도 한다.

지원 내용은 「귀농귀촌종합센터(www.returnfarm.com) 홈페이지 / 지원정책 / 지자체 지원사업을 클릭하여 지자체별 지도를 클릭하면 「○○시 귀농귀촌홍보관」을 통해 지자체별 지원 내용을 확인할 수 있다.

귀농 지원 대상자는 자격요건에 필요한 귀농교육 100시간을 반드시 이수해야한다. 이 중 50시간은 온라인교육으로도 받을 수 있다. 교육을 받을 수 있는 곳은 농식품부 승인받은 민간교육기관이다.

부르기 쉬운 상호에 주목해라

　　10여 년 전의 일이다. 가족처럼 지내는 지인이 강남 교보사거리 주변에서 퓨전주점을 창업해야 하는데 상호를 어떻게 지어야 할지 고민스럽다고 했다. 하루는 상호 결정이 임박했다면서 방문해 줄 것을 요청해서 인테리어중인 점포로 찾아갔더니 사장인 지인은 기존 사업장의 직원들을 비롯해 10여 명의 사람들을 불러 모아놓고 각자 상호를 적어내라고 주문했다. 명색이 작가로 활동하니 뭔가 독특한 이름이 나올 것으로 기대하고 나를 부른 것 같아 적잖게 부담이 가는 일이었다. 자리를 회피할 수도 없는 입장인지라 고민 끝에 '주모(主母 : JUMO)'라는 이름을 적어냈더니 마음에 든다면서 이것으로 상호를 선택했다. 그 후 지인은 2년 정도 주점을 운영했는데 입지 조건이 그리 좋지 않은데다 손님을 끌어들일 만한 큰 장점이 없어 대박(?)이 날 만한 장사가 아니라는 것을 깨닫고 물류사업으로 눈길을 돌렸다. 상호를 지어준 나로서는 조금 아쉽기도 했고 한편으로는 직장인들이 많은 상권이었다면 상호 자체가 좀 통했을 거라는 생각을 하기도 했다.

최근 1, 2년 사이에 스몰비어가 창업아이템으로 인기가 높아지면서 대표 브랜드격인 봉구비어에 이어 상구비어, 용구비어, 광수비어, 최군맥주, 춘자비어 등이 속속 체인브랜드로 등장했다. 스몰비어 시장경쟁이 치열한 상황이니 아직은 누가 승자라고 꼬집어 말하기 애매하지만 봉구비어와 상구비어는 전국적으로 체인점이 늘어나면서 대외적으로 브랜드 인지도를 확보한 상황이다. 재미있는 사실 한 가지는 이들 맥주체인점들은 하나같이 적당히 촌스러운 느낌의 상호를 달고 있다는 것이다. 이웃집 아이 이름처럼 부르기 쉽고 기억하기도 쉽다. 그 때문인지 정감이 느껴져 막연한 친밀감까지 생긴다. 상호가 브랜드 인지도에 큰 몫을 하고 있는 대표적인 사례다.

　　기술을 요하는 전문분야나 고객이 제한적인 특수 사업이 아닌 대중적인 점포사업이라면 부르기 쉽고 기억하기 쉬운 상호가 고객 확보에 유리하다. 특히 아이템이 먹는 장사이고 중소형 점포사업인 경우는 더욱 그렇다. 대형 고급 음식점이라면 친밀감보다는 메뉴 구성, 맛, 실내분위기, 친절서비스 등 모든 면에서 인정과 신뢰를 받아야 하므로 창업 시 상호가 차지하는 비중은 그리 크지 않지만 일반적인 대중음식점은 점포의 상호가 주는 느낌이 고객의 발길을 붙잡는 데 적잖은 영향을 미치기 때문이다. '원할매 보쌈', '김가네', '순천집', '놀부', '토담집' 이런 이름들은 무엇보다도 부르기 쉽고 가격적으로 부담이 느껴지지 않으면서 편안하고 정감을 안겨준다. 때문에 누군가 어디 어디에 있는 맛집이나 단골집 이름을 대면 하나같이 촌스럽지만 정감있고 향토적인 색채가 묻어난다.

　　문제는 창업주들이다. 수십 년 동안 각종 음식점을 드나들면서 상호가 주는 이미지에 대해 많은 것을 느꼈음에도 불구하고 막상 자신의 점포 상호를 결정할 때는 보편적인 사고 대중적인 이미지로부터 벗어나고자 하는 특징을 보인다. 점포 창업을 하는 창업자들의 경우 점포가 크든 작든 간에 상호는 가능한 한 어딘지 모르게 튀는 듯한 특이한 낱말이거나 무게감이 느껴지는 고상한(?) 언어를 선택하려고 한다. 또 이미 서구화된 문화 트렌드에 따라 영어나 그 외의 외국어로 상호를 선택하려고 하는 편이다. 나름대로 아이디어를 발휘한다는 차원에서 우리말을 소리 나는 대로 영어로 표기하는 사례도 흔하다.

창업을 하는 이유가 낭만적인 일탈을 즐기거나 자기만족을 위해서 하는 것이 아니고 장사해서 돈을 벌기 위한 것이라면 창업을 하려고 결심하는 순간부터 가장 먼저 비워야 하는 것이 있다. 그것은 바로 나만의 기준이다. 이는 다시 말해 **자신의 눈높이에 모든 것을 맞추려고 하지 말고 창업하고자 하는 사업의 주 고객의 입장에서 결정해야 한다는 얘기다. 맛도 가격도 이름도 고객의 눈높이에 맞추는 것이다.**

한번쯤은 이 이름에 주목해 볼 필요가 있다. 한국형 수제 햄버거로 인기를 끈 '영철버거'다. 2000년 고려대 인근인 서울 안암동에서 '영철버거'라는 1000원짜리 '스트리트(거리) 버거'를 앞세워 학생 입맛을 사로잡은 영철버거는 본점과 직영점 가맹점을 둔 어엿한 프랜차이즈로 등극했다. 신선한 재료로 햄버거를 만들기 위해 새벽 장을 보는 등 이영철 대표의 노력과 영철버거만의 독특한 맛, 그리고 학생들에게 부담없는 가격 등이 잘 맞아 떨어져 성공한 케이스이지만 고상하거나 세련된 외래어가 아닌 이웃집 동생이나 형 이름 같은 자신의 이름 '영철'을 상호이자 브랜드 네임으로 내걸고 있지 않은가.

커피의 유혹에
빠지지 마라

점포 창업을 준비하는 사람이라면 누구나 한 번쯤은 생각해 보는 아이템이 커피전문점이다. 특히 여성들의 경우 커피점에 대한 선호도는 아주 높은 편이다. 직장을 그만두고 자기 사업을 찾는 골드미스도 집안 살림이 주업이지만 부업삼아 하고 싶은 사업을 꿈꾸는 가정주부들도 또 남편의 정년퇴직 후 안정적인 수익을 낼 아이템을 찾는 장년층 노년층 여성들도 커피점 한번 운영해 봤으면 하는 바람을 갖는다. 그도 그럴 것이 커피전문점의 경우 속사정(?)은 몰라도 겉으로 보기에는 나름대로 매력이 있는 장사이기 때문이다.

장사 치고는 깨끗하다 / 누구나 고객이 될 수 있다 / 크게 유행을 타지 않는다 / 손님과 싸울 일이 없다 / 원가 대비 마진율이 아주 크다 / 노동력이 크게 들지 않는다 / 원재료 물량이나 가격 파동 때문에 스트레스 받을 일이 없다 등등.

사업으로서 커피전문점의 장점은 대충 이런 것들이다. 창업 당시 인테리어 비용이 많이 들어가긴 하지만 한번 투자하면 지속적인 투자를 하지 않아도 되는데다 주인이 손에 물 묻혀가면서 이것저것 만들지 않아도 되고 술 취한 손님들과 싸울 일도 없다. 게다가 도심 일급상권의 대형 커피점이 아닌 이상 밤 늦게 또는 새벽까지 장사해야 할 이유도 없으니 몸도 편하고 사업 때문에 가족들과 부딪힐 일도 없다. 무엇보다도 구미를 더욱 당기는 것은 원재료 대비 마진율이 높다는 것이다. 일반인들도 훤히 알고 있는 커피 한 잔의 원가는 종류에 따라서 다를 수는 있지만 보통 커피 한 잔을 4천 원으로 잡을 때 150원을 넘지 않는다. 점포 사업 치고 이만큼 유혹이 강한 것도 많지 않다. 게다가 사업성과는 물론이고 낭만과 여유까지 즐기고 싶은 낭만파 예비 창업자라면 자신이 원하는 인테리어에 좋아하는 음악으로 자신만의 분위기까지 연출하겠다는 야무진 꿈을 꾸기에 딱 좋은 게 커피전문점이다. 시쳇말로 생각만 해도 행복한 내일이 다가오는 듯한 환상적인 일이다. 풍경화 속의 그림 같은 집을 짓고 사는 전원생활을 꿈꾸면서 귀농을 생각하는 것과 크게 다를 바가 없다.

예비 창업자들의 이 같은 기대와 환상에 대해 이해가 전혀 안 되는 것은 아니다. 덜 힘들고 더 우아하게 일해서 안정적인 수익을 얻겠다는 것은 보통사람들의 심리다. 원가 대비 상품가격이 높은 현실도 세상이 다 아는 커피전문점만의 특장점인 만큼 결코 비윤리적이고 부도덕한 사업이라고 치부하는 사람은 없기 때문이다.

원두커피전문점이 한참 늘어나던 20년 전이나 지금이나 커피점 창업 붐은 매한가지다. 최근 10여 년 사이에 꾸준히 세력을 확장한 점포사업 중 대표적인 것을 꼽는다면 단연코 커피전문점이다. 학생층과 젊은 직장인들은 물론이고, 주부들까지도 커피에 대한 입맛은 고급스러워졌고, 젊은층에게는 식사 후 전문점에서 커피 한잔 테이크아웃 하는 문화가 일상화되어 있다시피한 게 사실이다. 2013년 우리나라 국민이 마신 커피는 242억 잔으로 1인당 484잔에 달한다. 하루 평균 1.3잔을 마신다는 것이다. 전국의 커피전문점 수는 1만 8천 개로 최근 4년 새에 2배 이상 늘었다. 주택가 골목 상권까지 커피점들이 속속 들어와 있는 것을 보면 실감이 나는 일이다. 그간 커피 마니아들이 늘어나고 종류의 다양화와 고급화가 진행되어오면서 현재 우리나라 커피 시장은 6조 1,650억 원에 달한다고 한다. 이 정도면 최근 몇 년 동안 의류시장을 주도하는 아웃도어나 벤처기업 성공의 선두주자로 불리는 소프트웨어 시장의 규모와 어깨를 나란히 하는 정도다.

이쯤 되면 커피전문점에 시선을 집중시키는 예비창업자들의 심리에 이해가 가고도 남을 일이다. 다만 **커피전문점의 유혹 속에는 배반의 장미처럼 실패의 아픔으로 몰고 갈 가시들이 적잖게 숨어 있다는 것을 알아야 한다.**

커피전문점을 창업하는 이들은 대부분 호황이라는 말만 듣고 무턱대고 창업에 뛰어들고 특별한 전문지식이 없기 때문에 프랜차이즈를 선택하는 경우가 대다수다. 걸었던 기대가 큰 만큼 창업자들의 대다수는 빠른 성공을 재촉하지만 이미 포화상태에 이른 시장에서 살아남기란 쉽지가 않다. 저녁 겸 한잔하기도 좋은 맛집이라면 다르다. 점포 인테리어는 시원찮더라도 맛이라도 특별하거나 아니면 저렴하면서 양이라도 푸짐하면 입소문이 쉽게 번져 나가면서 시간이 지날수록 고객이 늘어날 수 있지만 커피전문점은 또 다르다. 길거리에 나가면 눈에 보이는 게 커피전문점인데 커피 한 잔 마시려고 굳이 십분 이십분씩 걸어서 찾아갈 만큼 시간과 다리품을 파는 고객들은 흔치 않다. 이 때문에 커피전문점의 경우 다른 업종에 비해 폐점도 빠른 편이어서 1년도 채 못 되어 문을 닫는 점포들이 셀 수없이 많은 게 현실상이다.

장사는 안 되는데 문을 열어야 월세만 나가게 생겨서 창업 후 폐업을 빨리 결정했다고 하면 무작정 버티다 보증금까지 다 까먹는 것보다는 나은 일이니 그럴 수도 있다고 치자. 이럴 경우 커피전문점은 문제가 심각해진다. 장사가 안 되어서 점포를 내놓으면 권리금은 당연히 창업시 투자한 그 금액을 되찾기 힘들다. 이보다도 더 큰 문제는 인테리어에 투자된 비용이다. 업종 특성상 인테리어에 들어간 비용이 만만찮은데 단 한 푼도 건질 방법이 없으니 어디 가서 누구에게 하소연을 할 수도 없는 일이다. 커피의 유혹에 쉽게 빠지면 안 되는 이유가 바로 이 때문이다.

커피전문점 창업 시 꼼꼼히 따져야 하는 것들

POINT1 점포의 입지가 중요하다

프랜차이즈 전문점 중에서도 특히 커피전문점은 입지가 중요하다. 충분히 시간을 갖고 끈기 있게 예비점포의 상권 및 소비자 분석을 철저히 해야 한다. 유동인구가 많고 상권이 발달한 지역일지라도 이미 점포가 많이 들어서 있다면 경쟁이 치열하다. 포화된 지역에 새로 매장을 낼 경우 대자본과 대규모의 창업을 하는 기업형이 아니고서는 99%는 실패한다고 보는 게 좋다.

POINT2 예상매출을 적정선에서 낮추어 잡아라

예비 창업주들은 유명 커피전문점을 창업하기만 하면 바로 높은 수익이 발생하여 성공한다고 생각한다. 결코 아니다. 본사에서 예상하는 매출액과 실제 매출액과는 차이가 많이 발생한다. 본사에서 제시하는 통계만 100% 믿지 말고 별도로 체인 가맹점들을 찾아가 매출실태를 알아본 후 예상 매출액을 평균치보다도 오히려 낮게 잡고 그래도 남는 장사가 된다면 결정하는 것이 바람직하다.

POINT3 서브메뉴도 중요하다

커피전문점의 생명은 무엇보다 커피의 맛이지만 학생층이나 직장인들이 많은 상권의 경우 식사대용인 스파게티, 파스타, 베이커리 요리 등의 메뉴를 취급할 때 매출도 높아진다. 젊은층의 경우 시간이 바쁘면 아침이나 점심은 식사와 커피를 한곳에서 해결할 수 있는 점포를 선호하기 때문이다. 점심시간에 식사를 하는 고객이 적지 않은 여의도 지역 커피전문점들의 경우가 대표적인 케이스다.

POINT4 테이블 회전수를 고려해라

사람들은 흔히 사람이 많으면 그 집은 잘된다고 생각한다. 커피전문점의 경우 장소의 특성상 바쁘지 않으면 한나절도 앉아서 수다를 떠는 주부고객들이나 테 블릿 PC로 작업을 하는 직장인과 학생들이 많은 편이다. 이 때문에 커피점에 무작정 사람들이 많다고 해서 매출이 높을 거라는 판단은 금물이다. 손님들이 3~4천 원짜리 커피 한 잔 시켜놓고 두 시간 이상 앉아 있다면 테이블 회전률이 낮아 결과는 실제 매출이 높지 않을 수 있다.

인테리어!
원상복구를
미리 생각해라

점포사업을 시작할 때 내 건물이 아니라면 신중하게 고려해야 할 것이 있다. 인테리어다.

성공창업의 꿈을 안고 달려든 사업이니 '이왕이면 다홍치마'라는 말도 있듯이 좀 더 멋지고 예쁘고 눈에 띄는 공간미를 추구하는 게 창업자들의 심리다. 이 때문에 창업자들이 공통적으로 하는 말이 인테리어 비용이 당초 예상했던 것보다 더 투자되었다는 얘기다. 평당 5만 원짜리 바닥재보다는 7만 원짜리 바닥재가 훨씬 광택이 나며 좋아 보이고, 견적이 100만 원 나온 벽지보다는 120만 원짜리 벽지가 한결 산뜻해 보이니 조금 더 주고서라도 나은 것을 선택하기 마련이다. 인테리어 비용이 조금 더 추가된 것은 자기 욕심 때문이니 그렇다고 치자. 훗날 점포를 이전하거나 폐업을 하게될 경우 입에서 탄식이 저절로 나오는 문제가 발생한다. 원상복구다.

지인 중 1년 전 40평짜리 고깃집을 개업한 B씨는 장사가 기대했던 수준에 못 미치자 창업 1년 만에 폐업을 결심했다. 권리금은 포기하고 나올 작정이었기에 보증금만 건지면 된다는 생각이었다. 이런 B의 발목을 잡은 것은 다름 아닌 인테리어 원상복구였다. 의자와 테이블의 홀 형태가 아닌 앉아서 먹는 한옥식 인테리어를 했기에 보일러를 놓은 것이 화근이었다. 폐기물처리 비용만도 수백만 원이 들어갈 수밖에 없어 폐점 여부를 놓고 갈등중이라고 했다.

또 다른 폐업 주인공인 A씨에 비하면 B씨는 점포 원상복구 비용이 그나마 적게 들어가는 편이다. A씨는 피부관리실을 운영하다가 지난해 2월 폐점을 할 수밖에 없는 상황에 처해 결국 문을 닫았는데 원상복구 비용이 자그마치 2천 만 원이나 들어갔다고 한다. 사업장이 2층인데다 업종 또한 특화된 게 아니어서 권리금은 단 한 푼도 못 건졌고 소형점포 보증금에 해당되는 큰돈을 인테리어 해체 비용으로 써야만 했던 것이다.

저자 또한 유사한 경험을 갖고 있다. 10여 년 전 서울 성북구의 한 빌딩 3층 20여 평의 공간을 임대하여 출판물 전시공간과 프리랜서 교육장소를 마련하고 2년 동안 사용한 적이 있었다. 정리가 불가피하여 건물주에게 통보를 했더니 가장 먼저 온 대답은 원상복구를 해야만 보증금을 돌려줄 수 있다는 거였다. 순간 둔기로 뒤통수를 얻어맞은 듯한 충격을 받았다. 무엇보다도 큰 문제는 벽돌이었다. 출판물의 특성을 살리기 위해 8백여 장에 달하는 벽돌로 내부 공간을 꾸민 것이 화근이었다. 단순히 바닥재만 깔거나 도배 정도만 했다면 폐기물처리에 큰 비용이 들어가지 않지만 무거운 벽돌을 해체시키고 버려야 하는 것은 그리 만만찮은 일이었다. 이 때문에 당시 2백여만 원의 헛돈을 써야만 했다. 그나마 지인 중 한 사람이 맡아서 처리해 주었기에 비용이 적게 들어간 편이었다.

임대 사업장에서 사업을 하다가 폐업을 하는 경우 A씨나 B씨처럼 예상치 못했던 거액의 원상복구 비용을 지불하는 이들이 한둘이 아니다. 간혹

이 같은 문제로 인해 임차인과 임대인이 법정공방까지 가는 사례도 종종 나타나고 있다. '원상회복의무계약'은 임대계약서에 단골로 등장하는 특약사항이 되었을 만큼 이제는 임대차 목적물을 임차하기 이전의 상태로 복구해야 할 의무는 당연한 것으로 인정한다.

자신의 건물에서 사업을 했지만 사정으로 인해 폐업을 하고 임대를 줄 경우는 다르다. 건물주들의 경우 새로운 세입자가 기존의 인테리어 해체를 요구할 경우에는 권리금을 받지 않고 알아서 해체 및 변경을 하도록 하는 경우가 빈번하다. 아니면 아예 같은 업종의 사업을 유지할 세입자를 찾기도 한다. 이는 건물 주인이기 때문에 가능한 일이다. 점포를 임대하여 사업을 한 세입자는 폐점 시 그 누구도 인테리어 해체를 통한 원상복구로부터 자유로울 수가 없다.

개인적인 사정으로 폐업 시 임대해서 사용하던 사업장에 대한 원상복구에 신경 쓰지 못한 결과 임대인이 대신하고 난 뒤 다툼이 발생하는 일도 종종 벌어진다. 원상회복의 의무는 당연히 임차인에게 있다. 하지만 만일 임차인이 원상복구 공사를 하지 않는 경우에는 임대인이 보증금으로 공사를 할 수가 있다. 다만 임대인이 공사를 하는 경우 공사업자 2, 3군데의 견적을 받아 임차인과 협의를 하여 결정을 해야 한다.

사업에 대한 지나친 낙관론으로 경우의 수를 생각하지 않는 이들도 있다. 장사가 잘되면 굳이 다른 곳으로 이전하지 않으면 되니 그런 걱정은 하지 않아도 되겠다고 생각하고 자기 하고 싶은 대로 인테리어를 감행한다. 결과는 그렇지 않을 확률이 오히려 더 크다. 임대 사업장에서 사업을 하는 개인사업자들의 경우 입지가 그렇게 안전한 것만은 아니다. 이를 테면 세입자에게 임대한 점포의 사업이 좀 된다 싶으면 연장 계약을 해주지 않고 그 사업장을 빼앗다시피 하거나 아니면 임대보증금과 월세 인상을 통해 세입자를 힘들게 하는 건물주들도 적지 않다. 그렇다면 정답은 이미 나온 셈이다.

창업 시 사업장 인테리어를 할 경우에는 해체 및 철거가 용이해야 한다는 개념 하에 실용성과 재활용 가치를 꼼꼼히 따져본 후 인테리어 업자에게 시공을 맡기는 것이 바람직하다.

'COMING SOON'
현수막을 내걸어라

● 창업 1단계_ WHY/ WHAT 왜? 무엇을 하려는가?

집 주변이나 회사 주변의 낯익었던 점포가 어느 날 갑자기 문을 닫더니 한동안 비어 있는 모습을 자주 보게 된다. 건물이 낙후되어서 리모델링을 하거나 부수고 다시 짓기 위해서가 아니라면 분명 장사가 안 되어서 폐점한 경우다. 그 후 시간이 조금 흐르면 밤낮으로 불을 켜놓고 뚝딱거리는 소리가 새어 나온다. 그 앞을 오가는 이들로 하여금 분명 새로운 가게가 개점될 것이라는 무언의 메시지인 셈이다. 호기심이 많은 사람들은 자주 들르는 점포 옆 가게가 인테리어를 하면 한 번쯤 물어본다.

"뭐가 들어온답니까?"

질문을 받은 주인의 말이 더 이채롭다.

"저도 잘 몰라요. 김밥집이라던가, 만두집이라던가."

점포를 소개한 부동산측과 문을 열 당사자만 알고 그 외의 사람들은 어떤 업태의 점포가 들어오는지 알 수가 없다. 어차피 고객을 끌어들여야 한다면 미리 돈 안드는 홍보를 하면 더 좋지 않을까? 예비고객들에게 궁금증을 자아내기보다는 개점 전부터 미리 상호를 알린다면 새 점포에 대한 기대감을 갖는 이들도 있을 것이며, 불특정 다수의 사람들에게 상호를 각인시키는 일도 된다.

이미 10여 년 전의 일이다. 중국 연태, 연길 등에 패스트푸드 프랜차이즈 체인점을 개설시킨 T사의 회장은 이런 말을 들려주었다.

"중국이 우리에 비해 낙후되어 있는 것 같지만 결코 그렇지 않아요. 특히 장사에 관한 우리보다도 오히려 한수 위라고요. 체인점 계약을 맺고 인테리어 공사를 하는데 무려 한 달 하고도 보름이나 더 걸렸어요. 그 친구들 만만디 때문에 한국 사람이 하면 일 주일도 안 걸리는 일을 그렇게 시간을 끌며 진행하는 겁니다. 그런데 놀랍게도 배울 만한 게 있었어요. 인테리어 시작할 때부터 간판을 미리 제작하여 내거는 겁니다. 그뿐만이 아닙니다. 개점 20여 일 전부터 매장인테리어 하는 동안인데도 불구하고 마치 점포가 운영 중인 것처럼 밤마다 불을 켜놓는 겁니다. 오가는 사람들에게 자연스럽게 PR을 하는 전략이지요."

'장사' 하면 중국인의 상술을 못 따라 간다는 말도 있듯이 그들의 숨은 마케팅 노하우는 한두 가지가 아니라고 한다. 실제로 한 중국인의 창업전략과 마케팅에 대한 원고에 대해 출판사로부터 리라이팅 요청을 받아 작업했던 기억이 있다. 창업에서 마케팅 성공까지 A부터 Z까지 아주 상세하게 짚어놓은 원고였다. 그야말로 우리라면 손톱만큼도 신경 쓰지 않을 세세한 부분까지 구체적인 사례를 들면서 열거해놓은 것을 보고 놀란 적이 있다. 중국인들의 마케팅 방법이 우리나라의 현실에도 100% 다 적용되는 것은 아니겠지만 점포가 정식으로 문을 열기 전에 미리 간판을 내걸고 심야에 불을 밝히는 것은 대단한 홍보전략임에 틀림없다.

이벤트 팀을 불러서 시끌벅적한 분위기를 만들면서 점포 오픈식을 갖는 것도 막 문을 여는 신생점포를 알리는 방법은 되겠지만 어차피 문을 열거라면 중국의 상술처럼 사전에 알리는 것도 좋지 않을까. 홍보 방법은 간단하다. 인테리어중인 점포 앞을 오가는 예비 고객들을 대상으로 조용하면서도 효과적으로 개점 사실을 알리는 방법으로 큼직한 현수막 하나 내거는 것이다. 예전에는 대형 아파트단지나 빌딩 공사 시공사들이 도시 미관을 고려한 하나의 방법으로 공사 현장 내부를 드러내지 않기 위해 가림막 대신 내용이 있는 현수막을 내걸거나 대기업 계열의 식음료 체인점이 개점을 앞두고 현수막을 내거는 정도였다. 요즘은 그렇지 않다. 소형 점포들도 개점을 앞두고 인테리어 공사중임에 미리 현수막을 내거는 사례가 늘고 있는 추세다. 'COMING SOON, 3. 14, 한식당 ○○○○' 등등. 한 마디로 발빠른 마케팅 전략인 셈이다.

현수막은 자연스러운 정보 노출 전략이다. 현수막을 지정된 게시대에 걸려면 비용을 지불해야 하지만 개점할 점포 외벽에 거는 것은 단지 현수막 제작비용만 들어가면 된다. 현수막의 장점은 단지 개점 소식을 홍보하는 것에서 그치지 않는다. 특히 개점을 앞두고 인테리어를 하는 점포의 경우 공사에 따른 지저분한 내부 노출을 자연스럽게 감출 수 있는데다 공개 직원모집까지 가능한 수단이 된다. 적은 비용으로 다양한 효과를 얻을 수 있는데도 불구하고 현수막 내걸기에 무심한 창업자들의 십중팔구는 게으르거나 장사 감각이 뒤떨어지는 게 분명하다. 혹은 그게 무슨 효과가 있겠냐면서 잔돈푼 나가는 것도 아깝다고 여기는 소극적이고 편협된 마인드를 가졌기 때문일 것이다.

창업을 한다면 무엇보다도 마인드부터 달라져야 한다. 내 위주로 생각하는 것이 아니라 모든 면에서 고객을 먼저 생각하는 것이다. 고객의 입장에서 본다면 현수막 하나 내거는 것은 당연한 일이며 그리

어려운 일이 아니다. 여기에 소요되는 적은 비용과 시간마저 투자하기 싫다면 창업에 거는 성공 기대감은 아예 접어야 한다.

'COMING SOON' 현수막 활용법

POINT1 클수록 좋다

외부로 노출되는 점포의 전면 부분 쇼윈도 등에 맞게 대형으로 제작해라. 클수록 노출로 인한 홍보 효과는 크다. 노출되는 면이 2면이라면 다 활용해라. 어차피 하는 거라면 더 확실하게 눈에 띄도록 하는 게 잘하는 일이다.

POINT2 직원모집 공고도 알려라

대형 현수막에 'COMING SOON'만 대문짝만큼 크게 써넣으면 다소 썰렁한 느낌이 든다. 'COMING SOON' 글자 하단 부분에 작은 글자로 모집 공고를 알리면 효과적이다. 모집 분야와 연락처(이메일과 전화번호)만 깔끔하게 적는다. 이럴 경우 홍보와 직원모집 두 마리 토끼를 잡을 수 있다.

POINT3 한 가지 컬러만을 활용해라

현수막은 그 자체가 온몸을 노출시키는 일인 만큼 적어도 오가는 이들로부터 '촌스럽다'는 말은 듣지 말아야 한다. 일반적으로 흰 바탕의 현수막을 활용하는데 이때 글자의 색상을 여러 가지 혼합 사용하면 시각적인 측면에서 복잡하거나 지저분해 보인다. 누군가의 입에서는 반드시 촌스럽다는 말이 저절로 나올 것이다. 눈에 띄는 디자인의 컬러 조화의 테크닉은 한 가지 또는 두 가지 컬러만을 사용하는 것이다. 단 두 가지 컬러를 사용하더라도 보색대비에 신경을 써야 한다. 이를 테면 노란 천에 검은 글씨가 눈에 띄지만 노란 바탕에 빨간 글씨는 그다지 눈에 들어오지 않는다. 컬러 감각에 자신이 없다면 현수막 주문 업체 담당자에게 도움을 청하는 것이 바람직하다. 한류 열풍을 업고 뜨고 싶은 점포라면 중국인들이 좋아하는 컬러인 붉은 색을 현수막이나 간판에 적극 반영하는 것도 좋은 방법이 된다.

POINT4 관리해라

현수막은 하루 이틀이 아니고 최소 일주일 넘게 장기간 노출되므로 관리도 중요하다. 거리를 지나다 보면 비바람에 찢기거나 한쪽이 떨어져서 홍보효과는커녕 보는 사람 눈살만 찌푸리게 하는 현수막들도 적지 않다. 현수막을 내건다면 반드시 매일마다 찢기거나 바닥으로 떨어지지는 않았는지 또는 비와 흙먼지로 인해 지나치게 지저분하지는 않았는지 확인하도록 해야 한다.

POWER INTERVIEW

시니어 일과 삶 연구소(리봄) 조연미 소장

창업 지원 정책에 주목해라

조연미 소장은 시니어 라이프플래너다. 전직 프리랜서 기자이자 카피라이터 출신인 그는 일찌감치 지난 2006년부터 시니어의 일과 삶에 대한 연구와 프로젝트를 진행해 왔다. 리봄의 대표이기도 한 그는 최근에는 시니어들의 인생 2막을 돕는 다양한 강연과 정부에서 지원하는 '시니어창업스쿨' 강사로도 활동하고 있다. 또 KBS라디오 '이지연의 출발 멋진 인생'에서 시니어인생 전문패널리스트로 활약 중이다. 그로부터 인생 2막에 대한 준비와 시니어 창업에 대한 조언을 들어보았다.

Q 2006년부터 시니어 일과 삶 연구소(리봄)를 운영해 오고 있는데 주로 어떤 일을 하는 건가요?

A 시니어 뉴스레터 발행, 시니어 플래너(전문강사) 및 인력 파견, 시니어 정책 모니터링 및 정책 수행과 컨설팅, 사회적 경제 비즈니스모델 구축 및 개발 컨설팅 등 시니어의 일과 삶에 대한 다양한 일들을 합니다.

Q 최근 몇 년 전부터 베이비부머 세대들의 은퇴가 본격화되면서 인생 2막을 준비하는 '시니어'라는 단어가 화두가 되고 있습니다. 실제로 인생 2막을 준비하려는 시니어들의 움직임이 활발한가요?

A 요즘 시니어는 노년 인생을 준비하는 장년층, 노년층만이 아니라 중년으로 접어드는 40대부터 시니어라고 부릅니다. 제가 여러 곳에 강의를 하러 다니면서 미래에 대한 준비를 하는 많은 시니어들을 만나고 있습니다. 이미 잘 알려져 있다시피 인생 2막 준비하는 분들이 무척 많아요. 그들의 고민, 소망, 걱정을 생생하게 듣고 있어요. 일과 삶에 대한 열정은 20대 못지않게 강하지만 어떻게 인생 2막을 펼쳐야 할지에 대해서는 많은 분들이 막막해 하는 편이지요.

Q 현재 시니어들이 인생 2막 앞에서 가장 두려워하거나 고민하는 것들이 있을 듯 합니다.

A 무엇보다도 자신감이 부족하다는 겁니다. 요즘 급속도로 변화하는 트렌드를 보면 그럴 수밖에 없어요. 그들이 지금까지 살아온 환경은 오프라인인데 지금은 그리고 앞으로는 온라인세상이거든요. 변화하는 세상을 못 따라가기니까 두렵고 고민스러운 겁니다.

Q 시니어와 관련된 다양한 교육현장을 누비고 다니는 것은 시니어들의 그런 고민과 걱정을 덜어주고 뭔가 새로운 방향을 찾아주는 역할을 하는 것이 아닌가 싶은데요. 주로 어떤 교육을 하는지 궁금합니다.

A 지난 10여 년 간 시니어 관련 일과 삶에 대한 연구와 활동을 해왔기에 공공기관이나 기업에서 강의활동을 하고 있어요. 최근에는 건국대에서 '건

국시니어플래너과정'도 진행하고 있습니다. 상반기에 1기 과정이 끝나고 9월부터는 2기 과정에 들어갔습니다. 연령층도 30대에서 60대까지 다양하며, 멀리 지방에서 교육을 받으러 올라오는 분들도 많아요. 인생 2막의 새로운 기회를 탐색하는 것에 핵심을 두고 교육을 하는데 아주 열정적입니다. 이분들이 지속적으로 시니어 일과 삶에 대한 공부와 연구를 하면 저처럼 시니어 플래너가 되어서 시니어들을 위한 도우미로 거듭나겠지요.

Q '시니어 창업스쿨'도 진행하는 것으로 알고 있습니다. 은퇴하면 가장 먼저 무엇을 할까 고민을 하면서 '창업'에 대한 고민도 많이 할 것 같아요.

A 이 교육도 건국대에서 운영하고 있는 과정인데 '창업 플래너 과정', '시니어 SNS 플래너 과정', '스마트폰 기반 SNS 플래너 과정' 이렇게 3개 과정이며, 각각 3개월씩 진행됩니다. 창업과정이라고 해서 당장 어떤 아이템으로 어떻게 창업을 하라는 것보다는 온라인으로 변화된 환경에 적응하고 거기에서 인생 2막 텃밭을 가꿀 아이템을 찾아가도록 이끌어주는 데 초점을 두고 있습니다.

Q 그렇군요. 스마트폰이라든가 SNS 이런 용어에 익숙하지 않을 수도 있을 텐데요. 수강생들의 반응은 어떻습니까?

A 아무래도 부담을 갖고 있는 편이지요. 그래서 먼저 컴퓨터와 친해져서 온라인 환경으로 진입하는 것을 도와줍니다. 일단 그것만으로도 삶의 질이 달라지거든요. 교육 효과는 폭발적으로 좋은 것 같아요. 교육받으면서 희망이 생겼다는 말을 자주 듣습니다. 컴퓨터와 친해져서 어떤 분들은 새벽

까지 컴퓨터 하느라 밤새운다는 얘기도 합니다. 교육 효과가 있다는 것이니까 저로서는 뿌듯하죠.

Q 나름대로 어떤 아이템으로 창업을 할까 고민을 하는 분들이 많은 것 같은데요?

A 인생 2막을 위한 새로운 길을 크게 두 가지로 안내합니다. 하나는 일이지요. 돈에 욕심 내지 말고 자신의 과거 지위 같은 것에 연연하지 말고 젊은 층이 하지 않는 일을 찾아보라고 합니다. 이를 테면 힘을 많이 쓰거나 시간을 많이 할애하지 않고서도 할 수 있는 일이지요. 또 지식을 무기로 할 수 있는 일을 하라고 권유합니다. 앞에서 말한 일은 시니어라면 누구나 할 수 있는 보편적인 일을 말하지만 후자는 전문성을 띤 일입니다. 그간 자신의 분야에서 수십년 간 쌓아온 지식을 전달해 주는 일, 즉 강사활동입니다. 구슬이 서 말이라도 꿰어야 보배라고 하지 않습니까. 아무리 특별한 경력을 갖고 있다한들 활용하지 못하면 무슨 소용이 있겠어요. 활용을 해야 합니다. 지식을 창고에 가둬놓는 것은 국가적으로도 손해지요. 후배들이나 꼭 필요로 하는 사람들에게 지식과 경력 노하우를 전달해 주는 것은 아주 중요한 일이잖아요.

그리고 다른 하나는 창업인데 참 할 얘기 많은 게 창업입니다. 흔히 말하는 '소자본 창업', '프랜차이즈 창업'으로 퇴직금을 날리거나 노년기 인생에 쓰기 위해 모아놓은 소중한 돈을 한순간에 잃게 되는 분들 그간 많이 보았습니다. 지난 5~6년 간 그야말로 베이비붐 세대들의 본격적인 퇴직이 시작되면서, 사회에 창업 열풍이 휘몰아쳤어요. 그 중에 '성공한 것은 간판가게, 폐업처분 회사'라는 말이 나올 정도로 수많은 준비되지 않은 창업자들이 실패를 했습니다. 오죽하면 중소기업청이 2010년 주관한 시니어창업 정책이 창업을 권하기보다는, '준비되지 않은 창업'을 말리기 위해 만들어진 정책이라는 이야기까지 나왔을 정도입니다. 그래서 시니어창업 정책이 출발하자, 시니어들을 대상으로 하는 창업 교육에 대한 인식이 생성됐고, 준비되지 않은 창업의 위험에 대한 경고 메시지가 나오기 시작한 겁니다.

Q 오랜 세월 소위 월급쟁이 생활을 하던 분들이 창업을 한다는 것은 참 쉽지 않은 일인데 창업 실패의 가장 큰 원인은 어디에 있다고 보십니까?

A 준비되지 않았기 때문에 실패의 원인조차 모른 채 문을 닫는 경우가 대부분입니다. 퇴직자들이 창업하려는 사회환경 변화에 대해서도 무지했고, 퇴직 후 빨리 돈을 벌어 가장의 역할을 해야 한다는 조급증 또한 앞뒤 재볼 여유가 없도록 만들었던 거죠. 쫓기듯 시작한 창업이 성공하면 오히려 이상한 일입니다. '될 때까지 해서 성공했다'는 말이 있습니다. 참 의미있는 말인데요. 중단하지 않아야 성공할 수 있습니다. 잘 알려지기 전까지 일정 기간을 유지하기 위한 전략이 필요하겠지요. 가능한 한 초기 자금은 최소한으로 투입하고 운영자금을 여유 있게 확보해 두는 것이 필요합니다. 대개의 경우, 초기 자금을 많이 쓰는 것이 일반적이잖아요. 뭔가 남 보기에 그럴 듯하게 해놓아야 사람들이 찾아올 것 같으니까요.

Q 그렇다면 성공창업 전략을 알려주셔야 할 것 같습니다.

A 성공창업 전략의 하나는 배우면서 경험을 쌓은 후 창업을 하는 겁니다. 처음 해보는 사업인 경우 누구라고 할 것 없이 새로운 것을 익히는 시행착오

가 불가피합니다. 완전 초보로 새 세상을 배운다는 자세로 출발해야 합니다. 배우는 동안에는 아무래도 돈이 모일 수 없겠지요. 창업을 하고 돈을 벌지 못하면서 배우기보다 더 좋은 방법은, 창업에 앞서 비슷한 분야에서 일 해보는 것이 훨씬 좋은 방법입니다. 돈을 못 받더라도 돈을 까먹지는 않으니 훨씬 안정적이지요. 창업 후에 자신에게 맞지 않는다는 것을 발견할 수도 있기 때문에, 창업 전 단계로 유사 업종에서 사전 경험을 쌓는 것이 아주 좋은 방법입니다. 그리고 어느 정도 자신이 생겼을 때 시작한다면 시행착오도 줄일 수 있고, 창업 성공률은 훨씬 높아질 수 있겠지요.

두 번째 전략은 정부의 정책 자금을 최대한 활용하는 것입니다. 지금 국가 정책이 추구하는 방향은 '창업'인 만큼 창업에 대한 지원정책이 늘어난다는 것에 주목해야 합니다. 앞서서도 말씀드렸듯이 성공창업의 요소로 중요한 투자 자금을 최소화할 수 있는 방법 중 하나가 정책 자금을 지원받는 방법입니다. 정책 자금을 지원받기 위해서는 여러 가지 절차가 필요한데 그 중 꼭 필요한 과정이 교육입니다. 교육을 통해 준비된, 실패하지 않는 창업자를 만들기 위한 것이지요. 창업 상담을 하는 시니어들에게, 우선 공부부터 해야 한다고 얘기하면, 자기는 더 배울 것이 없다, 자신이 강사들보다 더 많이 알고 있다고 얘기합니다. 하지만 자금을 받기 위해 교육을 받게 되면서 모르는 것이 너무 많았다고 말하는 분들이 적지 않습니다.

우선 변화를 차근차근 공부하고, 자신의 현재 위치를 점검하는 것이 인생 2막 창업을 준비하는 이들의 첫 번째 자세가 아닌가 합니다.

Q 시니어 창업과 관련하여 정부에서 창업 교육을 들을 경우 이 비용까지 지원한다고 들었습니다.

A 네 그렇습니다. 제가 지금 건국대에서 진행하는 '시니어 창업스쿨'도 정부에서 교육비를 지원합니다. 3개월 과정 교육비가 총 110만 원인데 이 중 100만 원을 정부가 지원하고 10만 원만 교육생 부담입니다. 이렇게 좋은 정책이 어디 있겠어요. 정부가 지원하는 교육은 어디든지 도시락 싸들고서라도 찾아다니는 게 현명한 겁니다.

Q 창업에 대한 또 다른 조언이 있다면 어떤 말을 해주고 싶은가요?

A 저는 돈 안 들어가는 창업, 남 도와주는 창업을 하라고 말합니다. 그게 바로 사회적기업입니다. 사회적기업은 정부에서 지원하는 사업인 만큼 아이디어만 좋다면 돈 안 들이고 가능한 창업이고 또 비즈니스모델 자체가 정부의 지원을 받는 만큼 누군가를 도와주는 사회 환원 구조입니다. 특히 사회적 취약계층을 돕는다는 것 그것은 아름다운 일이잖아요.

조연미 소장이 전하는 시니어의 필수 다이어리 6가지

POINT 1 내가 알고 있는 것이 정답은 아니다

세상은 달라졌다. 지금 이 순간도 변하고 있으며 변화된 세상만큼 새로운 지식과 상식이 필요하다. 과거 자신이 익힌 지식만으로는 현실에 적응하지 못하며 그 어떤 비즈니스도 할 수가 없다.

POINT 2 정보가 돈이다

정보화 시대다. 남보다 한발 더 빠르게 다양한 정보에 접하고 그것을 현실에 적극 활용하고 참고해야 한다. 특히 시니어들은 인터넷을 비롯해 IT기기 활용에 적극적으로 대처해야 한다.

POINT 3 아랫사람에게 배워라

모르면 배워야 한다. 아랫사람일지라도 자신이 모르는 것은 적극적으로 배우려는 자세가 매우 중요하다. 배움에 게으르면 그만큼 소통도 어려우며 현실 적응도 힘들어진다.

POINT 4 독립선언을 해라

배우자로부터, 자식으로부터 독립해야 한다. 여기서의 독립은 결별이 아니고 상대에게 의지하려는 생각을 버려야 한다는 말이다. 같이 나이 들어가는 배우자에게 모든 것을 기대고 의지한다면 상대는 짜증스럽고 힘들어진다. 문제가 커지면 예기치 못한 결과를 가져올 수 있다. 식사를 비롯한 가사분담, 여가시간 활용, 취미활동, 대인관계 등을 통해서 독립된 주체가 되어야 한다.

POINT5 건강이 최우선이다

건강을 잃으면 그 어느 것도 무용지물이 된다. 시니어는 신체적으로 노화가 급속히 진행되는 만큼 건강관리에 각별히 신경 써야 한다.

POINT6 정부의 시니어 지원정책에 귀 기울여라

비즈니스를 하거나 자기 일을 찾으려면 가장 먼저 정부의 정책에 밝아야 한다. 시니어들을 위한 다양한 정책이 진행되고 있는 만큼 정부 정책을 잘 활용하는 지혜가 필요하다.

WHO

직원과 고객이
성공의 핵심파트너다

사업은 돈만 있다고 저절로 되는 것이 아니다.
또 사장 혼자서 하는 것이 아니고 직원과 고객이 함께 하는 것이다.
사장, 직원, 고객 이 트라이앵글의 균형이 제대로 만들어져야
성공의 리듬이 울려 퍼진다.

남편들이여!
마인드부터 바꿔라

● 창업 2단계_WHO 직원과 고객이 성공의 핵심파트너다

　10여 년 이상 음식점 체인사업 본사를 이끌면서 100여 개점 이상의 점포 개점에 직접 참여했던 T회장은 만날 때마다 장사를 하기 전에 반드시 서비스 마인드교육을 받아야 하는 사람들이 있다고 수차례에 걸쳐 말을 했다. 바로 공무원, 군인, 교사 출신의 남편들이다.

　생계형 소자본 창업이 많은 게 국내 창업트렌드의 하나다. 이 때문에 남편의 조기퇴직 또는 정년퇴직 후 부부가 함께 창업을 하는 경우가 많다. 고령화 사회로 접어든데다 베이비부머 세대 은퇴 인력들이 쏟아져 나오는 요즘 퇴직금이나 저축해놓은 돈으로 점포 창업을 하여 큰돈은 못 벌더라도 부부가 안정적으로 노후생활을 이어갈 수 있는 수입을 얻으려는 이들이 부지기수다. 이들 대부분은 음식점, 치킨집, 커피점, 카페, 편의점, 제과점 등의 업종을 마땅한 사업으로 잡고 창업을 한다. 염려스러운 일은 문을 연 지 한 달도 못 가서 부부 사이에 불화가 생기는 일이 허다하다는 것이다. 이유가 뭘까?

T회장의 말을 빌리면 안주인들은 대부분 고객들에게 친절하고 상냥하게 대하며 미소짓는 얼굴로 인사도 잘한다. 게다가 손님이 부르면 언제든지 달려가서 서비스를 실천하지만 문제는 남편들이다. 그들은 무뚝뚝한 표정으로 카운터만 지킨다. 아무리 바빠도 앞치마 두르고 상을 치우는 법도 없거니와 설령 종업원들이 너무 바빠서 이곳저곳에서 손님이 요구하는 것을 충족시켜주지 못하는 상황에서도 곧장 달려가지 않고 종업원들에게 지시만 한다. 심지어는 손님이 문을 열고 들어오거나 계산을 하고 나갈 때 고개 숙인 인사는커녕 목소리 인사 한번 하지 않는 이들도 있다. 손님이 나타나면 달려가서 웃는 얼굴로 인사를 하며 반갑게 맞이해도 시원찮을 마당에 소 닭 보듯이 한다면 단골이 생기기는커녕 오히려 '그 집 주인 불친절하다'는 소문만 나돌게 된다. 이쯤 되면 안주인들은 화가 치밀어오를 수밖에 없다. 주방에 들어가 음식도 만들고 홀 서빙도 하며 손님 응대까지 하는 등 전천후 일꾼으로 움직이는 아내의 입장에서는 카운터에만 앉아 있는 남편을 미워하지 않을 수 없는 일이다. 부부 사이에 불협화음이 생기는 것은 불을 보듯 뻔한 일이다.

공무원, 군인, 대기업 간부, 교사 출신이라면 보통 수십여 년 간 경직된 조직문화에서 직장생활을 한 사람들이다. 사람에 따라서, 성격에 따라서 차이는 있을 수 있겠지만 보편적으로 이들은 사고의 유연성이 부족한데다 과거 자신이 갖고 있던 직함이나 권위의식을 쉽게 버리지 못한다. 수많은 아랫사람들을 거느리던 당시의 지시형, 명령형 마인드에서 벗어나기 어렵기 때문에 고객을 위한 서비스 실행이 쉽지 않다.

절이 싫으면 중이 떠나야 한다. 점포사업의 기본은 서비스다. 친절 서비스 마인드로 무장한 고객응대가 생명이나 다름없는 장사꾼(?)이 손님에게 고개 숙이고 밝게 미소 짓고 상냥하게 말하는 것이 어렵다면 이는 가게 문을 닫고 싶다는 얘기나 다름없는 일이다. 사업을 지속시키고 싶다면 방법은 한 가지다. 마인드를 바꾸는 것이다.

저자가 인생 2막을 준비하는 시니어들을 만나 강의를 할 때마다 입이 닳도록 하는 말은 다름 아닌 '과거의 자신을 버리지 못하면 노년이 불행해진다'는 메시지다. 현실을 직시하지 않고 과거의 꿈에서 깨어나지 못하면 시대에 적응하지 못하는 외톨이가 된다. 과거는 말 그대로 흘러간 과거일 뿐이다. 은퇴 후 일을 원하면서도 일자리를 얻지 못하는 사람들의 공통점 하나는 바로 과거 화려했던 시절을 여전히 현실로 착각하고 있다는 것이다. 그들은 자신들이 만들어놓은 정신적 감옥 안에 갇혀 있는 것이다. '내가 누구였는데'라는 생각을 버리지 못한다. 아직도 과거의 자신을 버리지 못한 그들에게 꼭 들려주고 싶은 얘기가 있다. 인생 2막을 안내하는 책을 쓰면서 만났던 전직 셰프 출신의 시니어 인생 스토리다.

20대 초반에 전문 직업을 선택한 후 40여 년 넘게 오직 한 길만 걸어오고 있는 유명 셰프 출신의 중소기업 임원 김 아무개 이사는 2011년 63세의 나이에 한 중소기업에 입사했다. 자녀들은 대학 졸업 후 각각 자신의 길을 걷고 있고 노후를 보내는데 필요한 경제적 준비는 잘 마무리해놓은 입장이었다. 일 하지 않고 쉬어도 사회든 가족이든 그의 노년인생에 이러쿵저러쿵할 말이 없지만 그는 자신에게 맞는 맞춤직장을 찾고자 했다. 즐겁게 일하되 예전보다는 일에 쏟는 시간을 조금 줄이고 여유를 찾을 수 있는 일자리를 원했고 연봉은 낮아도 상관없다고 못 박았다. 마침 식품회사인 중소기업 W사에서 음식에 대한 노하우를 지닌 전문가를 필요로 했다. 이에 그는 제품테스트와 신제품 개발을 담당하는 개발부분이사로 입사했다. 이력서를 어디에 내놓아도 화려한 경력을 지닌 그였지만 자신이 원하는 조건, 즉 주 3일 근무 맞춤직장을 찾았기에 '내가 누구였는데'라는 생각으로부터 아주 자유로워졌다고 한다. 재직시절 스위스 국왕으로부터 음식으로 격찬을 받았고 올림픽과 아시안게임 당시 선수촌 식사를 담당하기도 했던 그가 지난날의 경력 속에서만 갇혀 있었다면 63세의 취업은 불가능할 수밖에 없었을 터이다.

배우자하고 함께 창업하고 싶은 시니어라면 먼저 셀프컨트롤을 통한 마인드 정립이 되어 있어야 한다. 창업 성공이라는 꿈을 일구기 위해 부부가 서로를 의지하고 힘을 합해야 한다면 남편의 마인드 변화가 차지하게 될 몫은 의외로 클 것이다.

예비 창업자의 셀프컨트롤

POINT 1 권위의식에서 벗어나자
'나는 부모니까', '나는 어른이니까', '나는 남자니까' 라는 식의 권위의식은 구시대의 낡은 유산이다. 빨리 버릴 때 사회상황이든 가정생활이든 사람들과의 소통이 자유롭다.

POINT 2 고집 부리지 말자
상대나 상황에 관계없이 무조건 '내 생각은 무조건 옳다' 고 주장하거나 '내 방식대로 하겠다' 는 식의 고집은 부리지 말아야 한다. 고집을 과하게 부리면 주변 사람들이 떠나간다.

POINT 3 상대의 눈높이에 맞춰라
세상 모든 사람은 다 제각각이다. 그러니 살아온 인생도 성격도 경제상태도 다를 수밖에 없다. 내 상황 내 기준에만 맞추려고 하면 상대와의 소통과 융화를 이룰 수 없다. 고객 또한 마찬가지다. 먼저 상대의 눈높이를 맞춰줄 때 그들과의 소통도 빨라지고 유쾌해진다.

POINT 4 시대변화에 보폭을 맞추자
시대는 지속적으로 변하고 있다. 사회·문화적 환경에 맞게 배울 것은 배우고 접할 것은 접하면서 사는 게 시대와의 소통이다. 이를 테면 현시대에는 컴퓨터가 모든 분야에서 활용되는 만큼 기초 활용법 정도는 배우는 게 현명한 선택이다.

POINT 5 나이를 앞세우지 말자
우리나라 사람들은 유난히 나이에 집착하는 경향이 없지 않다. 나이는 숫자에 불과하다는 말처럼 나이를 잊고 사는 것이 오히려 즐거운 삶을 유도해 준다. 나

이를 내세우거나 운운하다 보면 사람들과 부딪히는 일도 많고 결과는 늘 자기 손해로 돌아갈 뿐이다.

POINT6 과거로부터 완전하게 은퇴해라

누구에게나 세상 무서울 게 없이 자신만만했던 청년시절이 있었고 직장에서 목에 힘주고 일하던 화려한 시절이 있었다. 세월은 흘러가고 화려했던 시절의 자리는 후배들에게 물려줄 수밖에 없는 게 세상사다. 시니어로서 창업이나 취업으로 제2의 인생에 도전을 할 때는 예전의 직장에서 자신이 누렸던 연봉, 지위, 명예 등으로부터 완전하게 은퇴하지 않으면 안 된다.

동업!
Win Win으로
만들어라

"형제끼리도 하지 마라."

"친구와 멀어지고 싶으면 해라."

"돈 잃고 사람까지 잃는 지름길이다."

주변에서 종종 듣게 되는 이 말들의 공통분모는 '동업'이다. 가족이나 지인이 친구나 선후배 또는 친척과 동업을 하려고 할 때 보따리 싸들고서라도 말려야 한다고 하는 이들이 적지 않다. 한 마디로 한국 사회에서는 동업을 하고자 하는 이들에게 손을 들어주기보다는 극구 말리려는 부정적인 시각이 강한 편이다. 무엇이 문제일까? 두말할 나위 없이 운영 시 불협화음이 나온다거나 심한 경우 소송으로까지 이어지는 불편한 결별(?) 때문이다.

동업을 실패로 가는 길처럼 불안하게 여기거나 해서는 안 되는 일이라는 쪽에 가깝게 생각하면서도 동업을 감행하는 경우가 적지 않은 게 우리 국민의 보편적인 정서다. 이율배반적인 일이다. 혈연, 지연, 학연 등의 관계를 중시하고 인간적인 정을 바탕으로 신뢰 관계를 유지하는 우리 사회의 분위기상 동업은 뭔가 불안하고 불투명한 비즈니스처럼 여기면서도 다른 한편으로는 그리 특별한 일이 아니라는 의식이 지배적이다.

'동업은 하지 말아야 한다'는 인식이나 사회 분위기에 당당하게 맞서서 동업을 감행하는 이들의 생각은 '구더기 무서워 장 못 담글까'라는 속담으로 이어진다. 따지고 보면 동업에는 위험성도 존재하지만 반대로 장점도 많은 것이 사실이다.

동업은 서로의 부족한 점을 보완하고 장점은 살려서 큰 시너지 효과를 낼 수 있다는 논리에서 볼 때 합리적이고 발전적인 모델이라고 할 수 있다. 비즈니스의 귀재들로 불리는 유태인들은 동업을 많이 하는 편인데 그들이 동업을 선택하는 가장 큰 이유는 사업적 리스크를 줄이고 자금도 분산시키는 순 기능을 한다는 점이다. 최근 몇 년 사이 협동조합과 공유경제 같은 테마가 경제이슈가 되는 시점에서 볼 때 동업을 마냥 말릴 일만은 아니라는 시대적 흐름도 있다.

'암웨이'를 이끄는 글로벌 네트워크마케팅 그룹으로 미국 미시간주 에이다에 본사를 둔 알티코 그룹은 1959년 두 명의 젊은 기업가 리치 디보스와 제이 밴 앤델에 의해 지하의 조그만 창고에서 시작되었다. 동업으로 출발한 이들은 함께 경영하면서 불협화음 없이 회사를 발전시켜 온 대표적인 케이스로 40년 이상 두 가문이 공동경영을 해왔고 2세대 경영자로 바뀐 지금도 갈등과 마찰 없이 회사는 성장 중이다. 현재 알티코 그룹의 CEO인 스티브 밴 앤델 회장은 공동창업자 제이 밴 앤델의 장남으로 언젠가 언론사와의 인터뷰에서 동업성공의 비결을 정직성, 성취의지, 파트너십 같은 큰 가치관을 양가의 공통점으로 꼽았다. 그리고 공동창업자들이나 2세 경영자들은 **'누가 잘못했는가를 따지지 않고 지금 우리가 무엇을 할 것인가에 항상 관심을 두었다'**고 전했다.

국내에서는 최대 포털사이트 네이버와 LG그룹이 한국의 대표적 동업 기업으로 창업하여 성공을 일군 사례로 잘 알려져 있다. 기업은 아니지만 점포경영자들 중에도 동업으로 사업을 잘 이끌어가는 사례가 그리 많지는 않지만 더러 눈에 띈다. 지난해 약국 전문지인 D신문에 인천 지역에서 지역 선후배 사이로 만나 13년 간 동업을 하는 약사들의 동업성공기가 실린 적이 있다. 당사자들은 동업을 하면서 빼놓을 수 없는 장점 중 하나로 여유 시간 확보를 꼽았다. 혼자서 약국을 경영할 경우 근무약사를 고용할 여력이 없으면 대부분 시간을 약국에 매달릴 수밖에 없는 반면 동업을 하면 서로 개인 시간을 배려해 줄 수 있고 배려받은 시간에 다양한 외부 활동을 하며 재충전하는 시간을 가질 수 있다는 것이다.

동업을 해야 한다고 마음먹었다면 해라. 다만 함께 Win Win으로 만들어 가는 것은 파트너와의 약속과 신뢰가 바탕이 되어야 하며 '나' 보다는 '우리'라는 생각이 우선되어야 한다는 것을 명심해야 한다.

꼭 동업을 해야 한다면

POINT 1 파트너 선택은 이성적으로 해라

동업 파트너를 구할 때 친구나 선후배, 형제를 선택하는 경우가 많다. 서로 가까운 사이이기 때문에 또는 어느 한쪽이 어려운 입장이라서 동업을 하는 식은 바람직하지 않다. 동업 파트너는 나에게는 없는 강점을 가진 사람이어야 한다. 파트너의 비즈니스 핵심역량, 인적 네트워크, 재산 정도, 근면성 등에 있어서 내가 부족한 부분을 채워주는 이를 테면 상호보완적인 입장이면 더욱 좋다.

POINT 2 동업계약서 작성은 기본이다

친한 친구나 선후배 사이이기 때문에 적당히 구두로 합의를 보거나 인터넷에서 동업계약서 양식을 내려 받아 이름만 적고 서명을 하는 식의 계약서를 작성하면 훗날 반드시 문제를 불러일으키게 된다. '동업계약서'는 동업자 양자 간의 신뢰를 지키고 동업을 성공으로 이끄는 최소한의 안전장치다. 사업 시 발생 가능한 모든 상황을 미리 꼼꼼하고 상세하게 요약하여 이를 계약서에 명시해 놓는 것은 중요한 일이다. 특히 출자방법, 출자금액, 출자시기, 수익배분, 손해분담, 어느 한쪽이 불가피한 상황에서 사업을 그만두어야 할 때의 뒷정리 등의 내용은 인간관계를 떠난 냉정한 비즈니스 원칙에 의해 정해두어야 한다.

POINT 3 의견충돌 시 한 발짝씩 물러나라

살을 섞고 사는 부부도 수시로 의견 충돌이 일어나는 만큼 함께 일하다 보면 서로의 생각과 지향하는 바가 다를 수도 있다. 이때 맞불작전보다는 한 발짝씩 서로 물러나는 배려와 양보가 필수다. 갈등이 깊어지면 대화를 통해 그때그때 풀어나가는 것도 좋은 방법이다. 쌓아두고 그냥 지나가면 언젠가는 소통에 있어서 더 큰 암 덩어리가 되어 화를 불러온다.

POINT4　돈 관리는 투명해야 한다

돈은 가장 분쟁이 발생하기 쉬운 요인이다. 공금은 단돈 1원도 건드리지 말아야 하며 투명한 돈 관리는 필수다. 회계장부의 작성방법과 그 공개방법 등도 정하고 서로에게 털끝만큼의 의혹도 갖게 해서는 안 된다.

POINT5　역할 분담을 정확히 해라

동업자 간의 역할에 대해서는 사전에 정하고 철저하게 준수해야 한다. A가 매주 일요일 오전 교회를 가야 하기 때문에 B가 근무하기로 했다면 어떠한 일이 있어도 반드시 이를 지켜야만 한다. 한두 번 약속을 어기거나 개인사정으로 문을 닫는다면 문제는 반드시 발생하기 마련이다.

사장!
올라운드
플레이어야 한다

'돈만 있으면 사업을 벌일 수 있다'

과연 그럴까? 중소기업 전문기자로 활동하고 있는 저자로서는 'NO' 다. 이런 생각을 갖고 창업을 한다면 1년은커녕 6개월도 못가서 곡소리(?) 가 나올 것이다. 돈만으로 창업에 성공한다는 것은 100% 망하는 지름길이다. 흔히 하는 '내 손가락에 장을 지진다' 는 말을 자신있게 할 수 있다.

사업을 시작했다가 롱런하지 못하고 빨리 문을 닫는 경우 문제는 대부분 사장에게 있다. 주변의 누군가가 비전 있는 사업이니 창업 자금만 대면 대박을 낼 수 있다는 말만 믿고 말 그대로 돈만 투자한 사장들이다. 특히 목돈은 있는데 사업 경험은 전혀 없는 직장 은퇴자들의 창업에서 이런 사례가 비일비재하게 나타난다. 옆에서 창업을 부추기는 지인들의 애기를 들어보면 자신이 사업아이템에 대한 기술이나 풍부한 지식이 없어도 돈을 투자하고 사장 자리에 앉아 있으면 이론상으로는 돈이 저절로 벌릴 것이라는 확신이 선다. 처음부터 전문경영인을 두고 대자본과 탄탄한 조직력을 갖춘 시스템으로 시작하는 경우라면 모르겠다. 그렇지 않다면 어느 날 한 순간에 통장 잔고가 제로가 되는가 하면 오히려 빚만 떠안게 되는 실패의 쓴잔을 마시게 될 수밖에 없는 것이 사업이다. 실패로 끝나는 원인은 무엇일까?

흔히 '벤처기업'이라는 이름으로 창업하는 소기업들이 적지 않다. 창업자 대다수가 창업아이템에 대한 엔지니어 출신이다. 남이 흉내낼 수 없는 탄탄한 기술 노하우를 지닌 사람들이다. 하지만 이들마저도 모두 성공하지 못하는 것은 사업은 차별화된 기술력을 바탕으로 만들어낸 양질의 상품개발이 전제조건이 되어야 하며 여기에 마케팅 능력이 필수다. 더 나아가서는 리더십을 바탕으로한 조직관리 능력이 있어야 성공가도를 달리게 된다. 직원 수 30명도 안 되는 중소벤처기업에서 임원이나 엔지니어 몇 사람의 능력만 믿고 창업을 감행한 후 돈만 투자해 주면 알아서 회사를 키워주겠거니 하고 믿는다면 이건 엄청난 착각이며 추락행 엘리베이터를 타는 꼴이 된다. 모름지기 창업을 하는 신생기업 사장은 아이템 발굴, 기술노하우, 마케팅 감각, 리더십 등을 고루 갖추어야 한다는 얘기다. 쉽게 말하면 사장은 기업을 운영하고 성장시키는데 필요한 능력을 두루두루 갖춘 올라운드 플레이어야 한다. 미국의 벤처기업 성공 메카인 실리콘벨리의 창업기업 성공률이 20%도 안 되는 이유도 바로 이와 무관하지 않다.

비단 기업만이 사장의 전천후 능력을 필요로 하는 것은 아니다. 20~30평짜리 호프집을 창업하더라도 사장이 돈만 대고 실질적인 운영에서는 나몰라라 하며 뒷짐 지고 있다가는 돈만 날리기 십상이다. 장사로 돈을 번다고 하는 점포 주인들의 일상을 들여다보면 답이 나온다. 손님이 많다고 해서 모든 것을 직원들에게 맡겨놓고 골프나 치러 다니고 자기 취미생활에만 몰두하는 이들은 찾아보기 힘들다. 소위 '대박집'으로 소문난 가게일수록

1년 365일 사장은 자리를 지키는 편이다. 그들이 카운터에 앉아서 돈만 관리하는 듯 보일 수도 있지만 결코 그렇지 않다. 새벽부터 밤늦게까지 그들이 하는 일은 한두 가지가 아니다.

40여 평의 치킨점을 운영하는 H사장은 낮부터 새벽 두 시까지 문을 여는 시간 내내 가게를 지키며 손님이 많은 피크타임에는 어김없이 주방에 들어가 고무장갑을 끼고 설거지를 하면서 주방장 보조역할을 해준다. 또 주방장이 쉬는 일요일은 주방장을 대신하여 모든 음식을 직접 만들어낸다. 치킨점이라고해서 닭만 구워내면 된다고 생각하면 큰 오산이다. 주 메뉴는 여러 종류의 치킨이지만 과일안주, 쟁반국수, 샐러드 등 다양한 메뉴가 있는 만큼 음식을 만들 줄 알아야 한다. 잘되는 집으로 소문이 자자한 이 점포의 일 매출은 200만 원 선으로 정 직원 2명, 아르바이트 2명을 고용한다. H사장은 말한다.

"모르는 이들은 직원들이 있으니까 손에 물 묻힐 일이 있겠냐고 합니다. 그건 모르니까 하는 말입니다. 요즘은 일주일에 한 번씩 휴무를 주지 않으면 일하려는 사람들이 거의 없죠. 주방장이 쉴 때마다 사람을 부르면 음식맛이 달라져서 손님들 말이 많아지고 돈도 나갑니다. 얼마 전에는 주방장이 병원에 입원해서 십여 일간 제가 직접 주방 일을 했죠. 그러니 제가 주방의 모든 것을 알지 못하면 가게 문 닫습니다."

사장이 올라운드 플레이어가 되어야 하는 이유는 또 있다. 소기업이나 점포사업 창업 초기에는 직원들의 갑작스러운 결별선언(?)이 종종 발생한다. 특히 사업이 잘된다 싶으면 이 같은 일이 발생할 확률이 높아진다. 처음에는 혈서를 쓰고 손을 잡은 것처럼 함께 성공작을 만들자고 맹세를 해놓고서도 회사가 잘될 때 조금이라도 서운한 일이 생기거나 과욕이 생기면 팀장급 직원이 부하직원들을 데리고 나가 창업을 하여 동종업체 경쟁자로

덤벼드는 일도 적지 않다. 만일 사장이 회사 제품생산에 대한 전반적인 과정도 잘 모르고 거래처 관리 방법도 잘 모른다면 회사는 성장이 아니라 문을 닫는 상황이 된다. 지금은 성공한 CEO로 불리지만 사업초기 이 같은 사례를 경험했다는 사장들이 한두 명이 아니다.

창업으로 사장이 되려고 한다면 언제 어떠한 상황이 오더라도 회사나 점포를 지킬 수 있는 능력을 먼저 갖추어야 한다. 적어도 이 말만큼은 틀리지 않는 말이다.

고객의 목소리
감사하게 여겨라

지인 중 한 사람인 B씨는 비즈니스 상 조용히 대화를 나눌 자리가 필요해서 사무실 근처 커피전문점에 들렀는데 아주 불쾌한 일을 겪었다고 했다. 평소에도 서너시 경에는 좀 한산했던 커피점에는 날씨가 추운데다 눈보라가 휘몰아치는 날이어서인지 그날따라 손님이 두 테이블 밖에 없었기에 대화 나누기에는 잘 됐다 싶었다. 문제는 주문한 커피가 나와 본격적인 대화를 나누려는 순간이었다. 종업원인 두 명의 젊은 여성들이 무엇 때문인지 서로를 죽일 듯이 노려보면서 언성을 점점 높였고 급기야 한 여성이 바닥에 무언가를 내동이치면서 유리가 박살나는 듯한 소리까지 들려왔다. 그러자 먼저 와 있던 두 테이블의 손님들이 눈살을 찌푸리면서 나갔다. 하지만 B씨는 두 시간 넘는 거리에서 찾아온 고객과 꼭 대화를 나눠야 하므로 분위기가 어수선해도 그 자리를 박차고 일어날 수가 없었다. 점포 밖의 야외 테이블로 자리를 옮기고 싶었지만 날씨가 춥고 눈보라가 쳐서 그마저도 불가능했다. 처음에는 젊은 사람들이니 일하다 보면 서로 손발이 맞지 않아서 그럴 수도 있을 거라고 이해했고 더욱이 두 테이블의 손님들이 불쾌한 표정을 지으면서 나갔으니 말다툼은 끝이 나겠거니 했는데 그게 아니었다. 두 사람은 화가 난 듯 큰 목소리로 서로를 공격했다. 이런 분위기 속에서 조심스러운 고객과 비즈니스 대화를 나누기에는 난감한 일이었기에 직접 다가가서 조용히 해달라고 말을 하자 한 여성이 미안하다는 말을 하기는커녕 마치 B씨에게 보란 듯이 입고 있던 앞치마를 벗어던지더니 그 길로 가방을 들고 훌쩍 나가더라는 거였다. 너무 어이가 없어 하자 남은 한 종업원이 고개를 숙이며 미안하다고 했고 B씨는 자신까지 감정의 수위를 높이면 비즈니스가 그야말로 끝장이 날 것 같아서 이를 물고 참았고 자리에 돌아와 감정을 억누른 후에야 가까스로 비즈니스 대화를 나눌 수 있었다.

그날 미팅을 마치고 사무실로 돌아온 그는 너무 불쾌하다는 생각이 들어 해당 커피점 본사에 사실을 메일로 보냈다. 그러자 이튿날 바로 본사측에서 사죄의 메일을 보내면서 커피 3회 무료 이용권 서비스 티켓을 보내왔다고 한다. 이런 일을 겪으면서 B씨는 한편으로는 자신이 고자질을 하여 서비스 티켓이나 받는 존재가 되는가싶어 적잖게 마음이 불편하기도 했지만 고객으로서의 당연한 권리다 싶어 며칠 후 직원들과 함께 그 커피점을 찾아가 무료티켓으로 커피를 마셨다고 했다. 해고를 당한 것일까? 그날 손님 앞에서 무례하게 사적인 감정을 드러내며 싸웠던 두 여성종업원은 보이지 않더란다.

비즈니스 전문가들이 흔히 말하기를 고객의 니즈를 알면 고객을 움직이게 할 수 있다고 한다. 불만이든 더 나은 서비스를 요구하는 바람이든 간에 고객의 목소리를 귀 기울여 듣고 고객의 니즈를 정확히 파악하여 그에 적극적으로 대처하면 고객은 만족을 넘어 감동으로 이어지고 최종 결과는 단골 탄생으로 이어진다는 논리다.

이 때문에 적지 않은 기업들이 고객의 불만에 귀를 기울이고 있는 게 사실이다. 기업문화가 열려 있고 발전적인 성향을 지닌 회사일수록 홈페이지 고객참여 코너를 공개적으로 운영하면서 고객 불만 사항 수용에 적극적인 면을 찾아볼 수가 있다.

대기업이든 도시 변두리의 작은 식당이든 간에 마케팅 차원에서 현실적인 시각으로 바라볼 때 고객의 말을 경청하는 일은 매우 중요한 일이다. 사람은 누구나 자신의 이야기에 귀 기울여 주는 상대를 좋아한다. 특히 고객 입장에서는 자신의 불만이나 제안을 달갑게 받아들이고 자신들의 문제점을 개선하거나 향후 발전적인 요소로 활용하는 것에 자기만족을 뛰어넘어 자부심도 느끼고 더 나아가서는 상대에 대한 신뢰로 이어진다. 일반인들이 구입하는 제품처럼 고객과 직접적으로 거래 관계를 유지해야 하는 상품을 제조하는 기업이라면 이런 고객은 흔히 말하는 '마니아' 즉 단골이 될 확률이 높다.

현실은 어떨까? 기업들 중에도 더러는 고객의 목소리에 귀를 기울이지 않는 곳들이 있지만 개인사업 형태로 사업을 운영하는 사장들 중에는 고객의 불만이나 제안을 아예 듣지 않으려고 하는 이들이 적지 않다. 특히 장사를 오래 했으면서도 대박집(?)으로 성공하지 못한 점포사업자들을 보면 십중팔구는 그렇다. 이들의 경우 공통점은 한 가지다. 고객의 목소리를 경청하기는커녕 쓸데없는 아집과 독설로 실패를 자청한다는 것이다. 그들이 하는 말은 늘 이렇다.

"내가 장사를 몇 년 했는데 감히 누굴 가르치려고 해. 오기 싫으면 말라고 해. 저 안 온다고 우리 가게 문 닫을 줄 알아."

10년 넘게 장사했는데도 벌어서 월세 내기 바쁘다고 하는 점포 사장들일수록 이런 망언을 내던진다. 그들은 고객의 소중함을 모른다. 고객의 불만이나 새로운 제안이 자신의 점포에 얼마나 소중한 비타민이 되는지에 대해 무감각한 것이다. 이런 점주라면 한 번쯤은 귀담아들어도 좋을 어느 대학교수의 리포트 사례가 있다.

교수가 학생들에게 고객 클레임사례에 대한 리포트를 제출하라고 했다고 한다. 특히 이 교수는 학생 당사자가 고객으로서 불만족을 경험하고 이를 기업에게 통보하여 기업측으로부터 사과를 받아낸 사례일 경우엔 플러스 점수를 주겠다고 했다. 학생들로 하여금 고객의 불만에 대해 기업이 적극적으로 대응한 사례를 통해 마케팅에 있어서 고객감동의 중요성을 실감하도록 유도한 듯하다.

감동을 낳는 고객 클레임 대처법

POINT1 무조건 경청해라

고객의 말은 어떤 것이든 일단 들어주는 것이 바람직한 자세다. 한 귀로 듣고 한 귀로 흘리면 자사(점포)의 단점이나 실수를 인식하지 못하고 그냥 지나치는 일이니 당연히 문제는 더욱 커지기 마련이다.

POINT2 적극적으로 대처해라

종업원을 고용하다 보면 성격도 인상도 다 제각각이어서 때로는 고객에게 말이나 행동으로 실수를 범하는 일이 발생한다. 이런 경우 일단 빠른 대처가 해결책이다. 점포사업 현장이라면 사장이 직접 나서서 고객에게 잘못을 빌고 용서와 이해를 구해야 한다. 적극 대처하지 않아서 훗날 소문이 되어 퍼지면 그때는 해결이 불가능해진다.

POINT3 적절한 보상을 해라

고객에게 불만의 소지를 만들었다면 말로만 사죄를 구할 일은 아니다. 적당한 보상이 있을 때 고객의 마음은 원점으로 돌아온다. 때로는 감동으로 이어져 단골이 되기도 한다. 취급하는 상품으로 보상하는 것도 좋은 방법이다.

감동은
사소한 것에서
시작된다

● 창업 2단계_WHO 직원과 고객이 성공의 핵심파트너다

　기업이든 손바닥만한 작은 점포든 입버릇처럼 하는 말이 '고객감동'이다. 고객을 감동시키겠다는 말은 똑같지만 저마다 그 방법과 색깔은 다르다.

　음식점에서 '맛'으로 고객을 감동시키겠다면 이는 누구나 생각하는 보편적인 방법이다. 음식점에서 맛이 좋아야 하는 것은 기본이자 당연한 것이다. 옷가게에서 세련된 고품질 디자인 의류를 선보인다는 것과 마찬가지인 논리다. 차별화되지 않고 특별하지 않다는 얘기다. 그렇다면 'WHAT'에 주목해야 한다. 무엇으로 고객을 감동시킬 것인가이다. 점포 창업자라면 누구나 시작 당시부터 '친절서비스'를 무기로 내세우겠다고 생각하면서 직원들에게 '손님들에게는 무조건 친절하게 해라'고 누누이 강조할 것이다. 하지만 십중팔구는 밝게 웃어주고 인사 잘하는 정도로 적당히 고객에게 친절한 인상을 주는 정도에서 그칠 확률이 많다. 다른 평범한 업소들과 별반 다를 게 없는 그저 그런 수준의 서비스라는 얘기다. 고객의 마음을 움직이게 하기에는 역부족이기 마련이다.

우리는 자주는 아니지만 어쩌다 한 번씩은 대중업소를 이용하고 난 후 작은 일이지만 큰 감동을 느끼게 된다. 저자의 경우도 마찬가지다. 일 년에 한두 번 정도는 전에 와본 적도 없고 우연히 찾아갔던 업소지만 '기회가 되면 꼭 다시 한 번 오고 싶다' 라는 인상을 갖게 하는 곳들이 있다.

오래되지 않은 이야기다. 5남매인 우리 형제자매들은 1년에 한 번 5월 중 하루를 택해 순번에 따라 돌아가면서 가족들을 초대하여 식사를 하고 있다. 올해는 둘째 누나가 주선을 했다. 다섯 집 중 네 집은 서울과 경기도에 거주하는데 대전에 사는 누나가 자리를 마련하겠다고 하니 다들 '어디서' 라는 말을 먼저 할 수밖에 없었다. 미안함과 걱정이 앞섰던 것이다. 하지만 당사자는 의외로 태연하게 대응했다. 직장생활을 하는 둘째 아들이 신림동 인근에서 살고 있어 그 주변의 고깃집에서 모임을 가질 예정이니 1시까지 신림동 전철역 몇 번 출구에서 만나자는 식이었다.

모임 날 식당에 대한 관심은 제쳐두고 몇 달 만에 만나는 가족 얼굴들을 떠올리며 신림역을 빠져나오자 누나들과 조카가 기다리고 있었다. 직장생활 3년차인 조카 녀석의 안내를 받아 따라간 식당은 평범한 고깃집으로 크기도 30여 평 정도이고 별도로 룸이 있는 것도 아닌 지극히 평범한 서민형 음식점이었다. 인테리어 또한 딱히 눈에 들어오는 게 없었다. 우리 가족들은 한 귀퉁이에 4인용 두 테이블을 차지하고 앉았다. 그 즈음 작은 매형, 큰 누나, 나 이렇게 세 명이 10일 사이에 생일이 끼어 있었던 터라 조카가 케익과 와인을 준비해 왔고 우리는 본격적인 불고기 식사에 앞서 조촐하게 케익 커팅식을 가졌다. 문제는 그때 발생했다. 조카가 와인 따개를 준비하지 못했으니 갑자기 분위기가 멋쩍어진 것이다. 종업원에게 와인 따개를 부탁하자 1분도 안 되어 우리 테이블로 남자 종업원이 다가왔다.

"죄송합니다. 저희 가게에 와인 따개가 없네요. 그런데 잠시만 기다려주시면 준비해드릴게요. 어차피 저희도 하나 갖고 있는 게 좋으니 사다가 드릴게요."

종업원이 자리를 뜨자 다들 놀란 눈빛을 주고 받으면서 '친절한 집이네', '서비스가 좋은 집이네'라는 말이 흘러나왔다. 여느 음식점 종업원이라면 '고깃집에 와서 무슨 와인을 마시겠다고 난리야'라고 속으로 흉을 보던가 아니면 '필요하면 자기들이 알아서 해결하겠지'라고 넘어갈 일이었다. 5분도 안 되어서 종업원은 돈 만 원은 족히 넘을 만한 괜찮은 와인 따개를 가져왔고 그 덕에 우리 오남매와 매형, 조카 이렇게 일곱 명은 와인 잔으로 건배를 합창하며 또 하나의 추억을 만들 수 있었다. 그날 두어 시간에 걸쳐 술을 곁들인 식사를 하는 동안 누구 하나 음식이 맛이 없다거나 분위기가 안 좋다거나 하는 식의 불만은 그 누구의 입에서도 나오지 않았다. 모두들 와인 따개 하나에 다시 올 만한 친절한 집이라는 인상을 갖게 된 듯했다. 나란 사람이 지나치게 감성적이어서일까. 며칠 후 지인들과의 술 좌석에서 나는 그날 고깃집에서 있었던 얘기를 들려주면서 가까우면 자주 가고 싶은 집이라고 칭찬을 해주었다. 이쯤 되면 이미 감동을 먹은 것이다.

고객감동(Customer Surprise)이란 쉽다면 쉬운 일이고 어렵다면 정말 어려운 일이다. 고객에게 다양한 서비스를 제공하여 고객이 만족하는 것을 고객만족이라고 하는데 고객에게 기본서비스 외에 추가적인 서비스를 제공하여 고객이 만족하는 수준을 뛰어넘어 감동적인 서비스에 깜짝 놀라게 만드는 것을 말한다.

혹자는 '기업도 아닌 손바닥만한 장사 하면서 무슨 놈의 고객감동?'이라고 말하거나 '그런 거 할 만한 돈도 인력도 없다'라고 남의 일쯤으로 치부할 수도 있다. 과연 그럴까?

사업 규모가 크건 작건 간에 경영자라면 고객감동에 대해 반드시 알아야 하는 것이 있다. 고객감동의 씨앗은 아주 작은 일 사소한 것에서 싹이 튼다는 사실이다. 대기업에서 '가정의 달'이니 '졸업·입학 기념'이라면서 고객감동 프로젝트를 광고 헤드카피로 내세워 대대적으로 행사를 벌이는 것이 진정한 고객감동으로 가는 지름길은 결코 아니다. 영업 마감시간에 매장에 들렀던 고객이 지갑을 놓고 갔을 때 종업원이 자신의 퇴근 시간이 30여 분 늦어지더라도 신속하게 고객연락처를 알아내서 지갑을 찾아서 귀가할 수 있도록 돕는다거나 식당에서 고객이 식사하다 흰 옷에 반찬을 떨어뜨려 물이 들었을 때 깨끗한 수건에 물과 세제를 묻혀서 고객에게 달려가 재빠르게 얼룩을 제거해 주는 것 이런 사소한 친절서비스들이 고객감동의 핵심인 것이다.

지금 고객감동을 위해 HOW와 WHAT을 고민하는 사장이라면 머리 아픈 생각 따위는 집어던져야 한다. 어떤 서비스든 그때그때 즉각적으로 대응하면 되는 것이며 손님이 요청하거나 불만을 제기하기 전에 먼저 고객의 마음속으로 들어가 고객의 입장에서 그 무언가를 실행으로 옮기는 것, 이것이야말로 진정한 고객감동이다.

1년 전
한 번 온 고객도
기억하라

내가 그의 이름을 불러 주기 전에는 / 그는 다만 / 하나의 몸짓에 지나지 않았다.

......

우리들은 모두 / 무엇이 되고 싶다. / 너는 나에게 나는 너에게 / 잊혀지지 않는 하나의 눈짓이 되고 싶다.

김춘수 시인의 '꽃' 중 일부다. 대체 창업가이드 책에 무슨 이유로 유명 시인의 시를 옮겨놓았는가? 하고 의문을 던질지도 모른다. 그럴 만한 이유가 있다. 돌직구로 말해 점포 사업의 성공지름길 중 하나가 단골을 만드는 것이기 때문이다. 단골을 만드는 가장 빠르고 좋은 방법을 찾는다면 이 시를 읽어보면 된다. 답은 의외로 쉽게 찾을 수 있다. '우리들은 모두 / 무엇이 되고 싶다. / 너는 나에게 나는 너에게' 라는 시구가 바로 그것이다.

가격이 아주 저렴하거나 음식 맛이 아주 특별하다면 단골은 저절로 만들어지지만 **업종이나 업태에 따라서 사업 특성이 제각각이기 때문에 고객을 단골로 확보하는 일은 비즈니스의 관건이다.** 15년 동안 같은 자리에서 주점을 운영하는 B사장이 영업 전략의 최우선으로 꼽는 그만의 노하우는 바로 고객을 알아주는 것이라고 한다.

"사람들은 다 똑같은 것 같아요. 한 번이라도 우리 가게에 왔던 고객이 다시 왔을 때 사장이 자신을 알아주길 원합니다. 그렇다고 신발 벗고 달려나와 이름을 부르면서 머리가 땅에 닿도록 인사를 해달라는 것은 아닙니다. 눈인사라도 반갑게 해주거나 밝은 목소리로 '오랜만에 오셨네요', '다시 와주셔서 감사합니다' 라는 식의 멘트라도 날려주길 바라는 거죠. 친절 서비스도 중요하지만 **굳이 단골 확보 전략을 꼽는다면 '상대를 알아주는 것'** 이지요. 물론 수많은 고객들을 일일이 기억한다는 것은 아주 어려운 일이죠."

B사장이 전하는 단골 만들기 필수전략은 그야말로 간단하다. 세상 모든 사람들의 마음속에는 존재론적 소망을 갖고 있다. 인간을 하나의 사물로 인식할 때 홀로 존재하므로 고독하다. 고독함은 존재의 허무를 부르고 '무엇이 되고 싶다' 는 식의 연대의식을 갖게 된다고 한다. 김춘수 시인의 '꽃' 을 인용한 이유다.

우리는 수많은 사람들을 만나고 그 속에서 관계형성을 유지하면서 아리스토텔레스가 말한 '인간은 사회적 동물이다' 라는 말이 명언임을 입증하며 살아간다. 가족이 아닌 이상 관계가 형성된 대다수의 사람들과 상호 간에 의미 있는 존재이기를 소망한다. 자신을 한 사람으로 알아주는 상대가 많으면 많을수록 삶의 에너지는 넘쳐나고 삶의 의미를 갖게 된다. 반대로 자신을 알아주는 이가 없는 공간에서는 자신의 존재감 상실로 장시간 버티어내기가 힘들다.

이쯤 되면 한 번 온 고객이 다시 찾아왔을 때 기억해 주면 단골이 될 확률은 매우 높으며 이것이 사업 성공의 키워드라는 말에 고개가 끄덕여질 것이다. 혹자는 '말 장난 같은 얘기다'라고 콧방귀를 뀔 수도 있겠지만 직접 유사한 경험을 하게 된다면 이 말은 틀림없는 정답이라는 것을 알게 될 것이다. 우리 자신을 놓고 생각해 보자. 단골로 자주 가는 식당이 있다고 치자. 그곳을 찾아가면 사장이나 종업원은 웃는 얼굴로 정겨운 인사를 하기 마련이다. 그럴수록 그 식당에 대한 보이지 않는 애정은 깊어만 간다. 직장 동료들에게 '주인이 친절하다', '음식이 깔끔하다'는 말로 소문을 내고 자신을 찾아온 친구나 가족들에게 식사 대접을 할 때도 당연히 발길은 그 집을 향하게 된다. 하지만 어느 날 갑자기 주인이 바뀌고 사장이나 종업원이 모든 손님에게 똑같이 하는 '어서 오세요'라는 인사를 할 경우 묘한 감정에 휩싸이게 된다. 몇 년 동안 드나들던 식당이지만 낯설게만 느껴지고 그 후로는 다시 그곳을 찾아가려고 하지 않는다. 살면서 이런 경험 한두 번 하지 않은 사람은 없을 것이다. 하다못해 집 근처 단골로 다니던 소형마트나 미용실 같은 업소도 새로운 주인이 나타나면 그때부터는 예전처럼 발길이 저절로 가지질 않게 된다.

자신을 알아주길 원하는 손님들 중에는 반드시 사장의 얼굴을 보아야만 음식을 주문하거나 제품을 구입하는 이들도 적지 않다. 예를 들어 단골 음식점에 들어서자마자 사장을 찾거나 사장이 없으면 곧장 뒤돌아 나오는 경우다. 그들이 사장을 찾는 이유는 클레임을 호소하거나 특별한 서비스를 받기 위해서가 아니다. 단지 자신의 존재감에 대한 확인에 가깝다. 사장이 '오셨어요', '여전히 별일 없으시죠'라는 식의 인사말 한번 해주면 그것으로 왠지 보상을 받은 듯한 만족을 느끼기 때문이다.

내부고객인
직원 먼저
만족시켜라

　언제부터인가 요식업체나 유통업체는 물론이고 제조업체까지도 '대고객서비스' 또는 '고객만족'이라는 말을 본격적으로 내세우기 시작했다. 사업의 지속성을 위해서는 단골이 확보되어야 하는데 단골 확보의 첫 걸음이 제품과 서비스 질의 향상에서 출발하기 때문이라는 관점에서였다.

　이제는 굳이 '손님은 왕이다'라는 말을 거론하지 않더라도 품질과 서비스를 개선하여 고객의 만족을 높이는 경영은 기업성공의 필수요소다. 이 때문에 기업의 광고 홍보는 물론이고 소점포 사업자들의 홍보용 전단까지 '고객만족'이라는 네 글자는 마케팅의 얼굴마담이 된 지 오래다. 다만 대외홍보용 슬로건이나 말로만이 아닌 실질적인 고객만족 경영을 제대로 실천하여 고객감동을 불러내는 기업이나 업소는 그리 많지 않다는 것이다.

　고객이 감동한다면 성공은 저절로 따라붙기 마련이다. 문제는 작은 생활용품인 칫솔 하나, 라면 한 그릇일지라도 고객이 만족하여 최고의 상품이 주는 효과를 누리고 더 나아가 최상의 서비스를 받고 감동을 했다고 치자.

고객 스스로 입소문을 내고 그 기업의 상품이나 업소의 음식 마니아가 될 수도 있다. 하지만 이런 고객감동은 그리 쉽게 이루어지지 않는다. 이 때문에 성공경영의 출발점으로 등장한 것이 바로 직원만족으로 고객만족 이전에 내부고객인 직원부터 만족시켜야 한다는 것이 현대 기업 경영의 과제로 떠올랐다.

직원이 만족해야 기업이 성공한다는 것을 대기업의 경영전략 중 하나로만 국한시키는 이들이 적지 않다. 구멍가게같이 작은 중소기업에서 또는 직원 수 서너 명 밖에 안 되는 음식점에서 직원만족 경영을 한다는 것은 웃기는 일(?)이라고 치부하는 것이다. 과연 그럴까?

작은 회사일수록 또 직원들이 고객과의 접점에서 일하는 업종일수록 직원만족은 더욱 중요하다. 이제 막 창업한 회사로서 직원 수 다섯 명인 회사라고 치자. 사장이 직원들의 의견은 물론이고 언행에서 인격적으로 무시하는 스타일이어서 창업한 지 1년도 안 되어 다섯 명 중 세 명의 직원이 사표를 던졌다면 이 회사는 성공과는 거리가 멀어진다. 설령 1년 사이에 큰 매출을 발생시켜 돈을 벌었다 하더라도 사장 입장에서는 추락의 길로 접어들거나 아니면 다시 창업 시절의 바닥으로 되돌아가야 한다. 직원들의 숙련된 기술을 요하거나 직접 경험을 통한 마케팅이 중요한 분야라면 더욱 그럴 것이다. 기업의 생명력은 인재인 만큼 핵심인력이 없어졌으니 다시 직원을 채용하여 1년 넘게 가르치고 키워야만 현재의 단계에 다시 오르게 된다. 창업한 지 10년, 20년 된 기업들이 성장을 못하고 늘 제자리걸음을 하는 이유 중 하나가 바로 이 같은 인력 관리의 실패 때문이다. 기업취재를 수없이 다니면서 사장들로부터 들은 하소연이나 다름없는 중소기업의 공통된 애로점 중 하나가 직원을 한참 키워놓으면 떠나는 이직현상이었다.

무대를 어느 한식집으로 옮겨보자. 한적한 교외에 자리한 이곳은 주방

직원이 3명, 서빙 직원이 3명이나 되는 전통음식점이다. 화학조미료를 사용하지 않는 채식 위주의 식단으로 입소문이 자자해 단골이 많은 이 식당은 개점 후 2년 동안 안정적인 매출을 올렸다. 창업주의 가정에 문제가 생겨 새로운 주인이 들어왔지만 주방 찬모들이나 종업원들이 그대로 있었기에 음식 맛에 문제가 생길리가 없었다. 하지만 언제부터인가 단골들이 떨어지기 시작했다. 단골들이 이구동성으로 하는 말은 음식 맛이 예전 같지 않으며 종업원들의 얼굴이 어두워 예전의 밝고 푸근했던 분위기가 나질 않는다는 것이었다. 일하는 직원들이 그대로인데 대체 어디서 문제가 발생한 것일까? 문제의 원인은 사장이었다. 전직 공무원이었던 사장은 매사에 직원들을 다그치는 듯한 언행으로 부렸고 교외에 자리해 있어 자칫하면 근무의욕이 떨어질 수 있는 직원들의 사기를 높이려고 한 달에 두 번씩 실시해 오던 외부 회식을 계절에 한 번 정도로 줄여버렸다. 주인이 바뀌면서 가뜩이나 화합된 분위기가 필요했던 터였는데 새로운 사장의 이 같은 직원관리는 오히려 악 효과를 낳았다. 직원들의 얼굴에서 웃음이 사라졌고 창업 시부터 몸담아왔던 찬모와 홀 서빙 지배인은 사장의 경영스타일에 적응하지 못해 이직을 고민하기에 이르렀다. 상황이 이쯤 되고 보니 일에 대한 의욕을 잃은 직원들의 심리는 음식 조리나 고객서비스에 있어서 대충대충 만드는 식으로 이어진 것이다. 내부고객인 직원들의 심리상태가 불안정하니 당연한 일이었다.

직원들의 근무 만족도가 높은 회사나 업소는 굳이 사장이 일일이 잔소리를 하지 않더라도 직원들 스스로 알아서 잘하는 분위기가 형성된다. 사장이 자신을 신뢰하고 일을 맡기는 것은 물론이고 자녀가 아프거나 경제적인 어려움이 있으면 팔 걷어 부치고 나서서 지원을 해줄 정도로 가정 친화적인 스타일이니 직원으로서는 이보다 더 좋은 직장이 없다는 생각을 갖게 되고 스스로 애사심을 다지기 마련이다.

그 회사의 분위기를 가장 빨리 읽을 수 있는 방법은 바로 직원들의 얼굴을 보면 된다는 말이 있다. 사내에서 직원들이 모르는 낯선 얼굴인데도 내방 고객과 마주치면 미소를 머금은 얼굴로 인사를 하고 무언가를 물어보면 밝고 당당한 목소리로 안내를 해준다면 그 회사는 충성도 높은 직원들이 많아서 잘 될 수밖에 없다는 결론이 나온다.

사람은
관리하기에
달렸다

고객을 가장 가까이서 만나는 사람, 즉 고객접점 관리를 하는 주인공은 종업원이다. MOT(moment of truth) 이론에 따르면 고객이 종업원을 만나는 순간 진실함을 느낄 때 그 회사에 대한 신뢰가 느껴져 고객으로서의 충성도가 높아진다고 한다. 기업이든 소점포든 고객이 만나는 첫 상대는 종업원이기에 사업의 성패는 종업원의 응대에서 시작된다고 해도 과언이 아니다. 특히 요식업의 경우 종업원의 서비스 정신이 매출에 막대한 영향을 끼치기도 한다. 그만큼 사람 관리가 사업의 관건이라는 것이다.

규모가 작은 소자본 창업의 시작은 가족끼리 운영하는 경우가 많다. 그러나 단적인 예로 편의점이나 유흥주점 또는 전문성이 강한 비즈니스들은 부부가 함께 하기 어려운 사업이기에 종업원 고용이 불가피하다. 또 창업은 1인 창업으로 시작했어도 사업의 규모가 조금만 커지면 종업원 의존도가 높아진다. 단적인 예로 배달이 필수인 사업은 일정 규모 이상이 되어 매출이 오르면 주인이 직접 배달에 나설 수 없어 배달 아르바이트를 고용할 수밖에 없다. 특히 배달 사업은 종업원들의 서비스 자세가 단골을 만드는 데 아주 큰 영향을 미친다고 한다. 배달 담당자의 말 한 마디나 인상에 따라 재주문을 하느냐 안 하느냐가 결정되기 때문이다. 중대형 규모의 패스트푸드점이나 전문음식점, 각종 심야 점포사업 또한 종업원의 역할이 매우 중요하다. 사업이란 직원을 고용하지 않고서는 불가능하며 그 직원들을 제대로 관리하지 못하면 장기적으로 키워가기 어렵다는 논리다.

직원관리도 어렵지만 그보다도 더 시급한 문제는 당장 일손이 부족한 경우다. 현재 우리 사회가 취업이 어렵고 불황이라고 하지만 그렇다고 해서 언제든지 부르면 와서 일할 사람이 넘쳐나지는 않는다. 패스트푸드점이나 커피숍 같은 곳은 젊은층 구직자들이 선호하는 업체이기는 하지만, 학생층은 한두 달 일하다 그만두는 사례가 비일비재하고 고깃집이나 한식당의 경우 주방 보조나 홀 서빙은 근무시간이 길고 힘들어서 직장이라는 마인드를 갖고 일을 하려는 내국인들은 갈수록 찾기 어려워진다. 이 때문에 점포사업자나 식당 사장들 중에는 장기 아르바이트나 파트타임 직원을 구하기가 어렵고, 주방 인력이 부족해서 사장인 본인도 수시로 주방에 들어가 고무장갑을 끼고 일한다고 인력난 애로점을 호소하는 이들이 부지기수다.

방법이 전혀 없는 걸까? 단골로 몇 년 동안을 꾸준히 찾아가는 업소들 중에는 주방장이나 홀 서빙 여성종업원들이 바뀌지 않고 늘 자리를 지키고 있는 곳들이 있다. 이런 음식점일수록 문을 여는 순간부터 마음이 편해지고 기분은 한결 즐거워진다. 종업원들이 먼저 알아보고 인사를 해주고 가끔씩은 주방장이 직접 특별 서비스요리를 내오는 일도 있다. 이쯤 되면 종업원들이 단골을 지키고 또 늘려나간다는 말이 맞는 것이다. 세상에 공짜란 없는 법이다. 종업원들이 자기 사업처럼 적극적으로 일하고 단골들 비위까지 맞춰줄 정도라면 그만큼 업소의 사장이나 종업원 관리 책임자가 직원 관리를 잘 했다는 것을 의미한다.

인력 관리 전문가들은 말한다. 식당에서 일하는 종업원이든 대기업의 직장인이든 요즘 일꾼들의 사고는 예전과는 다르다는 것이다. 과거에는 일하는 목적이 오직 돈을 벌어 생계를 유지하는 데 있었지만 시대가 변한 현재는 단순히 먹고 살기 위한 돈벌이보다는 자기실현을 위한 돈벌이를 추구하는 이들이 많아졌다는 것이다. 그러다 보니 직원들 입장에서는 돈벌이 외에 자신이 간절히 원하는 무언가를 배울 수 있다거나 직장 분위기 또는 문화가 나름대로 즐거움이나 성취감을 안겨주지 않는다면 언제든지 사직서를 던질 준비가 돼 있다고 볼 수 있다.

사람 구하는 문제도 또 관리도 결코 만만치 않은 게 현실이지만 사업의 성공을 위해서는 반드시 해결하지 않으면 안 되는 일이다. 대기업이 아닌 바에야 인력난은 자금난과 마찬가지로 사장이 해결해야 할 일이다. **잘되는 대박 음식점들일수록 종업원들의 근속년수가 오래됐듯이 대부분의 성공한 사업자들을 보면 종업원 관리에서 성공했다는 공통점을 갖고 있다.** 직원을 고용한 개인사업자나 중소기업의 사장이라면 매출성장도 중요하지만 직원관리를 어떻게 할 것인가에 대한 기준이나 방침이 제대로 서 있어야 하며 무엇보다도 사람을 귀하게 여기는 마인드부터 갖추어야 하지 않을까 싶다.

직원 관리는 이렇게 해라

POINT1 솔선수범으로 통솔해라

주인의 권위의식이 강하면 종업원을 함부로 대할 수가 있다. '하라면 할 것이지'라는 식이 되면 오히려 반발심만 생기기 마련이다. 작은 점포일수록 사장이 먼저 모범을 보이지 않으면 종업원들의 기강은 해이해진다. 따라주기를 바라는 과욕보다는 종업원에게 사장이 먼저 모범을 보이는 자세가 필요하다. 특히 어려운 일이고 꺼려하는 것일수록 주인이 먼저 솔선수범을 보이면 종업원들은 자연스럽게 따라하기 마련이다.

POINT2 규칙을 만들어 준수하도록 한다

작은 사업이라고 해서 체계가 없으면 종업원 관리가 어려워진다. 우선 출·퇴근 시간부터 철저하게 준수하도록 하며 휴무일이나 인센티브 등에 대한 기준도 정해야 한다. 기분에 따라 처리하는 방식은 바람직하지 않다.

POINT3 교육하고 훈련시켜라

대부분의 직장에서 직원들이 갖는 가장 큰 불만은 급여나 직업 비전보다는 주어진 일을 제대로 해내지 못하고 무능한 사람 취급을 받을 때라고 한다. 종업원에게는 급여도 중요하지만 근무 환경에 능동적으로 대처하고 종업원 스스로가 자신감을 갖고 주어진 업무에 최선을 다할 수 있도록 근무 환경을 만들어 주는 것이 중요하다. 하루아침에 태도가 바뀌기는 어렵지만 인간은 연습에 의해 바뀔 수 있는 존재라는 희망을 안고 꾸준히 종업원과 자신을 변화시키려고 노력하는 자세가 중요하다.

POINT4 인간적으로 다독여라

완벽한 사람은 없다. 종업원이 실수를 했을 때 다시는 반복하지 않도록 교육하는 것도 중요하지만 그들의 실수를 이해해 주고 감싸 줬을 때 가장 인간적인 애정을 느끼게 된다. 또한 종업원이 열심히 해서 늘어난 몫에 대해서는 함께 나누는 너그러운 마음이 사업주를 따르게 하는 요소다. 단 잘한 일은 여러 사람들 앞에서 아끼지 말고 칭찬을 하여 사기를 진작시켜 주어야 한다.

POINT5 평등하게 적용한다

직원들을 편애하지 말고 기분에 따라 적용 기준을 달리하지 말며, 근무 기준과 업무 분담을 명확히 한다. 작은 조직일수록 사장이 어느 한 사람만 편애하면 나머지 구성원들의 장기 근속은 기대하기 어려워진다. 또 화합도 힘들어지기 마련이다. 열 손가락 깨물어서 안 아픈 손가락 없다는 부모의 마음으로 평등하게 대하고 사랑으로 키워라.

미래를
꿈꾸게 해라

● 창업 2단계 WHO 직원과 고객이 성공의 핵심파트너다 ─────

　사장과 직원을 구분 짓는 결정정인 요인은 무엇일까? 답은 아주 간단하다. 사장은 기업의 소유자이고 직원은 아니라는 것이다. 이 때문에 사장은 귀속감이 있고 창업 당시부터 사업을 잘 키워나가겠다는 꿈을 꾸지만 직원은 다르다. 가장 먼저 안정감을 추구한다.

　사장이 되었다고 해서 많은 돈을 긁어모을 수는 없다. 실패하기보다는 성공하기가 더 어려운 일이니만큼 성공적인 경영으로 돈을 벌어들이는 일은 쉽지 않은 일이다. 하지만 설령 기업이 적자가 나더라도 사장의 입장에서는 회사가 자신의 것이기 때문에 쉽게 포기하지 못하고 살려내기 위해 모든 노력을 기울이게 된다. 사장에게 회사는 부모에게 자식과 같은 존재다. 자식이 못났다고 꺼리는 엄마는 없으며 아무리 애를 먹이는 자식도 업보인 듯 인내하며 키우는 이가 엄마다. 고슴도치도 제 자식이 가장 예쁘고 사랑스럽다고 생각하며 키우는 것처럼 부모에게 자식은 희망이고 꿈이다. 자식이 공부를 잘하여 하버드 같은 명문대를 졸업하고 유능한 인재가 되든

트럭 끌고 다니며 짐을 나르는 사람이든 부모에게 자식은 무한한 희망이다. 다시 말해 회사는 사장에게 있어서 자신의 분신과 다름없는 존재다.

직원은 사장과는 다르다. 일을 아무리 열심히 해도 자신이 가지는 것은 월급과 보너스뿐이고 사업의 확대와는 무관하며 자신은 사장에게 돈을 벌어주는 사람이라고 생각한다. 직원의 입장은 이처럼 다르기에 사장이 기업에 뿌리를 박은 한 그루의 나무라면 직원은 바람 따라 흩날리는 나뭇잎이다. 언제 어디로든 떠나면 그만이다. 평생직장이라는 말이 이미 사라진 만큼 요즘 한 기업에서 평생 일하겠다는 직원은 거의 드물다.

그렇다면 직장인들은 과연 스스로 철새직장인이 되길 원하는 걸까? 그것은 아니다. 적정 임금을 받아 경제적으로 생활의 안정을 찾게 되면 다음은 저마다 개인의 가치를 실현하는 것, 바로 그 꿈을 찾으려고 한다. 자장면집 배달원, 한식집 주방보조, 고깃집 홀 서빙, 주유소 주유원 등등 현재의 상황에서 볼 때 누구나 할 수 있는 단순 업무에 임하는 사람들일지라도 그들에게는 각자의 꿈과 희망이 있다. 평생 주방보조만 할 생각으로 식당에 취업한 사람은 단 한 명도 없다. 그들이 가장 원하는 것은 자아실현, 즉 자신이 이루고자 하는 꿈의 실현을 위한 연마의 과정으로 회사를 택한다. 이 때문에 자신이 몸담고 있는 회사에서 돈이 아닌 미래가 보이지 않을 경우 그들은 어디론가 떠날 준비를 할 수밖에 없다.

인간은 고등동물이며 정신을 가지고 있다. 사람으로 하여금 능력을 키워 자아 실현하게 하는 것보다 더 강력한 인센티브는 없다. 책임, 승진, 학습기회, 성공기회 심지어 창업기회 등은 직원이 회사에 몸담고 있는 이유가 된다. '프록터 앤드 갬블(Procter & Gamble)'과 같은 세계 일류회사는 '훈련기지'로 불리기도 한다. 많은 젊은이들은 여기서 진짜 재능을 배운 다음 나가서 자기의 기업을 꾸렸기 때문이다.

직원은 언젠가는 회사를 떠나기 마련이다. 다만 직원들이 1, 2년 근무하고 사표를 던지는 직장 이른바 이직률이 높은 회사는 비전이 없다. 그들이 몇 년씩 갈고 닦은 경력과 노하우를 펼쳐보이지도 않고 몇 년 안에 회사를 떠난다면 이는 회사에 큰 손해가 된다. 인재를 잃는 것은 회사의 발전을 멈추는 일이다.

그렇다면 사장이 직원에게 무엇을 어떻게 해야 할지 답이 나온 셈이다. 직원의 봉급인상보다도 더 중요한 것은 직원들에게 꿈을 주는 것이다. 즉 10년 후, 20년 후 자신의 모습을 상상하게 하고 그런 사람으로 되도록 기반을 마련해 주는 것이다. 그들이 꿈을 갖고 비전을 갖고 있을 때 그들은 회사를 더욱 사랑하게 되며 더욱 노력할 것이다.

성공하는 CEO들은 비교적 직원들로부터 평판이 좋다. 사장이 직원들에게 좋은 평가를 얻는다는 것은 결국 좋은 인간성, 우수한 업무 능력, 긍정적인 조직 마인드, 사람을 키워주는 능력 이 4가지에 달려 있다. 평판이란 것은 가장 가까운 사람이 만들어주는 것이다. 직장이나 조직 내에서 활동할 때는 밖으로 드러나는 관계의 사람들이나 윗사람들에게만 잘 보이려 하지 말고 가까이 있는 사람, 아랫사람들에게 감동을 주는 게 좋은 평판을 얻는 열쇠다. 특히 직장에서 직원들은 사장으로부터 어떤 권한을 위임 받았을 때 회사와 사장에 대한 신뢰와 충성도가 높아진다.

직원이 꿈을 갖게 하는 방법

POINT 1   윈윈(win-win) 파트너라는 마인드를 가져라

회사든 자영업이든 '나 홀로 장사'가 아닌 이상 함께 일하는 직원 관리는 사업을 성공으로 이끄는 요건 중 중요한 하나가 된다. '나는 사장이고 너는 직원이며 내가 월급을 주니까 너는 시키는 대로 일만 하면 된다'라는 생각을 갖고 있다면 이는 엄청난 착각이고 실수인 것이다. 돈은 직원이 벌어준다는 말의 의미를 정말 모르는 답답한 사람이기 때문이다.

POINT 2   권한을 부여하라

자신의 요리 실력을 발휘하고 싶은 주방장에게 이미 푸짐하게 차려놓은 밥상을 손님 앞에 나르라고 하면 그는 오래 버티지 못하고 밥상을 내동댕이칠 것이다. 그가 원했던 것은 자신이 갈고 닦은 요리 실력으로 무언가를 보여주고 그것을 통해 자신감과 만족감을 동시에 얻고 싶었을 것이다. 그렇다면 기업도 아닌 작은 조직에서의 사장과 직원의 관계는 어떻게 가는 게 좋을까? 믿음은 돈을 투자해야 하는 것도 시간을 투자해야 하는 것도 아니다. 믿고 맡기기 이전에 먼저 사람을 채용할 때 잘 선택을 해야 하겠지만 신중을 기해 상대를 직원으로 채용했다면 일단 믿고 임무를 부여해라.

POINT 3   맡겼으면 믿어라

우리가 살아가는 동안 가장 중요한 것이 있다면 '신뢰'다. 가정에서는 부부간 부모와 자식간에 신뢰가 필요하며, 기업에서는 사장과 직원간의 신뢰가 필수다. 친구와 친구 사이에도 신뢰는 곧 우정이다. 사람과 사람 사이에는 신뢰가 없으면 더 이상 좋은 관계로 발전할 수가 없다.

중국시장에 피자를 선보이면서 최근 3, 4년 사이에 시장선점에 박차를 가하는

D사장의 말을 들어보면 그의 성공 노하우는 사람 관리에 있다는 것을 알게 된다. D사장은 의심나는 사람은 처음부터 쓰지 말 것이며, 직원으로 채용했으면 의심하지 말아야 한다고 한다. 또 일을 맡겼으면 잔소리를 하거나 따지지 말 것이며, 자신이 하기 싫은 일은 직원에게도 시키지 말라고 한다.

아랫사람은 윗사람이 자신을 믿어주면 큰 용기를 얻게 된다. 그 용기는 잠재력을 발휘하게 하고 결과는 예상했던 것 이상으로 나타난다. 신뢰가 곧 동기부여가 되는 것이다. 그리고 결과가 나타나기 전까지는 무조건 믿어라. 잔소리를 하거나 의심은 하지 마라. 사장이 해야 할 일은 한 가지다. 직원을 신뢰하는 전제조건하에서 그가 일을 수행하는데 사장으로서 어떤 도움을 주어야 하는지에 대해서만 고민해라.

인건비를 줄여라

"요즘 같으면 장사 못해먹어. 사람 구하기도 힘들지만 인건비가 좀 비싸 야지. 장사가 잘 될 때는 부담이 덜했지만 요즘처럼 장사도 시원찮은 시절 에 아줌마 한 명 쓰면 인건비가 2백만 원이야. 어디 그뿐이야. 알바를 써도 퇴직금을 줘야 한다고."

20평 크기의 식당을 운영하는 지인은 모처럼만에 만나서 하소연부터 늘 어놓았다. 한국인 아줌마들은 구하기도 힘든데다 원하는 조건을 수용해 주 지 못하면 몇 달 일하다가 그만두기 일쑤란다. 그렇다고 중국인 아줌마를 쓰자니 일은 기대에 미치지 못하면서 임금은 월 180만 원을 요구하니 이마 저도 부담스러운 일이어서 고민 끝에 몇 달 전부터는 주방과 홀 서빙을 겸 하던 아내에게 아예 주방 일만 전담시키고 자신이 직접 앞치마를 두르고 홀 서빙과 설거지를 한다고 했다. 하루 30~40만 원씩 팔아서 한 달에 간신 히 매출 800만 원 정도 올리고 이 중에서 주방 아줌마 월급 200만 원 주고 가게 월세, 재료비, 공과금, 세금 이런 것들 다 제하고 나면 겨우 한 사람 인

136

건비만 남는 수준이라는 것이다.

　요즘 요식업소의 십중팔구는 주방과 홀 서빙을 일명 중국 아줌마들로 불리는 중국여성들이 담당하는 현상이 나타나고 있다. 월 180~200만 원 수준이면 여성 인건비로서 적지 않은 금액이지만 언제부터인가 한국여성들은 더 이상 손에 물 묻히거나 음식 나르면서 손님들 잔심부름이나 하는 홀 서빙은 하지 않으려는 분위기가 지배적이다. 차라리 마트 계산원을 하더라도 힘들고 인격적인 대우를 받지 못하는 식당일은 하지 않겠다는 입장이다. 이 때문에 식당 운영주들은 갈수록 높아지는 인건비와 일손 부족이라는 이중고에 시달리고 있다.

　인건비를 줄일 수 있는 방법이 없는 걸까? 업종과 업태에 따라서 차이는 있겠지만 식당, 커피숍, PC방 등 소점포 사업의 경우 대안은 있다. 공장의 생산라인들이 자동화로 인력난을 대체하고, 물류창고 업무가 사람 대신 지능형 로봇의 전담업무로 바뀌고 있는 것처럼 식당의 인력난도 해결방안은 분명히 있다. 다름 아닌 시스템의 변화다.

　7년 전 새로운 점포사업을 찾던 선배에게 나는 일본의 티켓자판기 식당을 소개했다. 주방과 홀을 ㄷ자 혹은 타원형의 반달 모양으로 경계선을 긋듯이 인테리어하여 점주와 종업원은 주방 안에서 손님에게 직접 음식을 서비스하는 형태다. 이를 테면 70, 80년대 유행하던 스텐드바 식의 인테리어다. 이럴 경우 카운터가 문제가 될 수 있다. 음식을 내주는 주방에서 손님과 돈을 받는 식의 모양새가 그다지 아름답지 않은데다 만의 하나 손님이 음식을 먹은 후 돈을 내지 않고 달아난다면 잡을 길이 없는 것이다. 하지만 이 또한 고민할 필요가 없다. 다름 아닌 티켓자판기가 카운터와 메뉴 소개 역할까지 동시에 해내기 때문이다. 자판기에는 점포에서 취급하는 음식 메뉴의 사진과 가격이 표시되어 있어 손님은 점포에 들어서자마자 자신이 원하는 음식을 선택하여 돈을 기계에 넣고 표를 뽑아서 자리에 가서 앉기만 하면 되는 방식이다. 카운터와 서빙직원이 필요 없으니 점주를 포함하여 3, 4명이 일하는 30평 면적의 점포라면 직원 한두 명은 줄인 셈이다.

최근 2, 3년 사이에 운영시스템의 변화로 인건비를 줄이는 점포들이 늘고 있다. A국수체인점의 경우 티켓자판기와 동선을 고려한 인테리어의 원조격인 일본의 규동 전문점들과 유사한 방식을 택하고 있다. PC방도 새로운 시스템의 업소들이 생겨나고 있다. 신촌 번화가에 자리하는 I는 돈 계산을 하는 카운터가 없다. 점포 내에 컴퓨터네트워크와 전산 시스템을 결합시킨 두 개의 자동화기계가 있다. 손님은 자신의 ID를 입력한 후 자신이 필요한 사용시간만큼 현금을 충전시킨 후 그 금액만큼 빈 자리에 가서 사용하는 방식이다. 50여 평이 넘는 이 점포의 경우 종업은 두세 명. 이들의 경우 음료나 간단한 식사 판매나 청소 및 컴퓨터관리만 담당한다. 점주나 파트타이머가 카운터에 앉아서 계산 위주의 소모적인 일에만 집중하는 기존의 PC방 시스템으로부터 차별화된 운영 전략이다.

시간이 흐를수록 제조업 못지않게 점포사업도 종업원 인건비 싸움은 거세질 것이다. 편의점, 식당, 커피점, 패스트푸드점 등 모든 점포사업에서 인건비 전쟁은 이미 시작되었다. 향후 인테리어와 운영시스템의 자동화 등을 통한 변화를 추구하지 않으면 결국엔 인건비 부담으로 문을 닫는 점포들은 늘어날 것이 불을 보듯 뻔한 일이다. 창업을 준비하는 입장이라면 이 같은 인건비를 절감시키는 전략적 방안을 창업시부터 염두에 두어야 한다.

신촌철판동태찜 양두진 · 조연분 부부

"맛있고 푸짐하고 착한 가격이죠."

　신촌의 현대백화점 인근에서 15년째 음식점을 운영해 오고 있는 양두진
조연분 부부. 해물, 아귀, 동태, 대구 등을 재료로 한 찜과 탕을 주 메뉴로 취
급하는 신촌철판동태찜은 25평 크기의 점포로 60명 동시 수용이 가능하
다. 이들 부부는 종업원을 고용하지 않고 둘이서 식당을 운영하면서도 하
루 100~130만 원 선의 매출을 올린다. 오래 된 만큼 단골이 많은데다 맛도
좋고 양도 푸짐하면서 가격이 저렴한 것이 여름철 비수기에도 손님을 불러
들이는 장점이라고 한다. 한 자리에서 15년 동안 음식장사를 한다는 것은
그리 쉬운 일만은 아니다. 이 점포의 성공적인 운영 면모를 들여다보자.

입지 안 좋아도
직장인 잡을 수 있는 특징 있는 상권

Q **WHERE** 신촌 일대에서 A급 상권은 아니다. 그만큼 유동인구가 대로변보
다는 적을 텐데 그렇다면 입지 조건은 좋은 편이 아니다

A 맞다. 신촌은 학생들을 주축으로 한 20대 상권이기에 신촌 전체로 보면 이

주변은 C급 상권이다. 창업자금이 여유가 있다면 몰라도 당시로서는 한푼이라도 적게 투자되는 점포를 찾을 수밖에 없었기에 권리금이나 임대료 부담이 적은 이곳을 선택했다. 그래도 15년 전 당시 권리금이 5천만 원이나 들어갔다. 당시 우리로서는 큰 돈이었지만 지역 특성상 그 돈 안 들이고는 창업이 힘들었다. 현재 보증금 1억 원에 월세가 300만 원이다. 운영을 잘하지 못하면 누구든 버티기 힘들다. 입지가 좋은 것은 아니지만 주변에 백화점을 비롯해 은행, 학원, 소기업 등이 있어 나름대로 직장인 수요가 있는 특징이 있는 상권이긴 하다.

Q **WHERE** 점포 면적은 어느 정도 되는 건가?

A 25평이다. 넓지는 않지만 공간 형태가 정사각형 형태여서 그나마 다행이다. 테이블 배치에 공간을 최대한 활용해서 4인용 테이블이 15개나 된다. 동시 수용 인원이 60명이니까 실제 점포 크기에 비해서는 활용도가 높은 편이다.

Q **WHERE** 입지 조건을 놓고 볼 때 현재 애로점이 있다면 어떤 것인가?

A 주차 문제다. 주차 공간을 확보하고 있으면 고객 확보가 한결 유리한데 그것이 아쉽다. 부득이하게 주차 서비스를 해야 하는 경우 점포 앞이나 옆 점포의 전면에 양해를 구하고 사용하곤 한다. 학생이 아닌 직장인이나 중장년층이 주 고객인 음식점은 주차 공간이 매우 중요하다.

고깃집 인력 많이 필요해
찜&탕 전문점으로 전환

Q **WHY** 이 동네에서는 터줏대감격인 음식점으로 소문이 나 있는 점포라고
들었다.

A 15년이 흘렀다. 한 곳에서 장기간 점포 사업을 한다는 것이 쉬운 일은 아
니라는 것을 감안할 때 나름대로 생명력이 강한 점포다. 장사는 주인하기
나름이다. 큰 욕심 내지 않고 단골 위주로 장사를 하다 보니 오랫동안 자리
를 지킬 수 있었던 게 아닌가 싶다. 특히 음식 장사는 한 곳에서 한 가지 아
이템으로 오래 할수록 빛을 발하는 것 같다. 순수한 우리 토종 음식으로 성
공한 점포들을 보면 30년, 50년 된 음식점들도 있다. 가능한 한 한 곳에서
묵묵히 맛의 정통성과 장인정신을 지키려는 입장이다.

Q **WHY** 식당 창업을 하기 전에도 다른 사업을 한 것으로 알고 있다. 어떤 사
업이었고 왜 업종을 바꾸었는지?

A 석유상회를 했었다. 도시가스가 보편화되기 이전이었기에 나름대로 짭짤
했다. 정말 열심히 일했었기에 돈 버는 재미도 있었지만 워낙 맨손으로 시
작한 사업이었기에 투자된 비용 갚아나가면서 애들 셋 키우다 보니 큰 돈
은 벌지 못했다. 그래도 지금 이 점포로 갈아탈 수 있는 자금을 마련했으니
결과는 성공적이었다고 본다. 장기적으로 볼 때 도시가스로 전환되면서 주
유소가 아닌 업소형 석유 장사는 한계가 있을 것이라고 생각했다.

Q **WHY** 처음에는 고깃집으로 개점했다고 들었다. 중간에 아이템을 바꾼 이유가 있는지?

A 고깃집 장사는 제법 잘됐다. 겉으로 보기에는 대박집이나 다름없었다. 문제는 순수익이 기대 이하였다. 돼지고기는 국산만을 취급했는데 원재료 대비 마진율이 적은데다 돼지고기 가격은 지속적으로 상승했다. 또 한 가지 문제점은 고깃집은 손이 많이 필요하다는 것이었다. 우리 부부 빼고도 종업원이 3명이나 되었다. 총 5명이 일한 셈이다. 주방 2명, 홀 2명, 숯불 담당 1명은 최소 필요인원이다. 인건비 또한 지속적으로 상승했기 때문에 식재료비, 인건비, 세금 등을 제하고 나면 남는 게 없었다. 앞으로 남고 뒤로 밑지는 장사였다. 이 때문에 5년 정도 하다가 지금의 찜과 탕 종류로 바꿨다.

Q **WHY** 종업원 없이 부부 둘이서 운영하기에는 힘들지 않은가?

A 사실 최소 3명은 되어야 한다. 1년 전까지만 해도 주방 보조겸 홀 서빙을 하는 아줌마가 있었다. 꾸준히 열심히 해줄 직원이 필요한데 아줌마들의 경우 들쭉날쭉한다. 주인이 종업원 비위를 맞춰 주어야 할 만큼 한국인 식당 종업원을 구하기가 쉽지 않다. 하지만 더 큰 문제는 이 정도 규모의 식당에서도 휴일은 당연하고 퇴직금까지 챙겨주어야 한다. 그러니 사람 한 명 채용해서 쓰는 것도 큰 부담이 된다. 어쩔 수 없이 내가 홀 서빙을 전담하기로 결심했다. 아내도 주방을 혼자서 책임지기에는 여간 힘든 일이 아니다. 그나마 우리가 장사 경력이 많은데다 부부라서 손발을 맞춰가면서 하니까 버틸 수 있는 것 같다.

Q **WHY** 패스트푸드나 분식이 아닌 정통적인 메뉴를 취급하는 음식장사는 단
골이 많아야 할 것 같다.

A 그렇다. 우리 집은 손님의 70%가 단골이다. 인근에 있는 H백화점 직원들
이 단골의 20%를 차지하고 나머지는 주변에 있는 회사 직원들과 멀리서도
찾아오는 단골들이다. 수원, 일산, 분당에서 찾아오는 손님들도 있고 연예
인들도 있다. 단골이 많아야 매출이 안정적이고 장사하는 즐거움도 생긴
다. 단골들 중에는 미리 전화로 예약을 하고 오는 이들도 많은 편이다. 그
런 분들에게 늘 감사하는 마음이다. 최근에는 어디서 소문을 들었는지 중
국인이나 일본인 관광객들도 찾아온다.

Q **WHY** 브레이크 타임(Break Time)과 월 2회 휴무는 반드시 지킨다고 하
는데 특별한 이유라도 있는가?

A 점심식사 장사를 두세 시간 하고 나면 많이 피곤하다. 휴식이 필요하다.
저녁 장사를 위해서는 두 시간 정도 휴식 시간을 갖는 게 아주 중요하다.
그리고 월 2회 휴무도 장사를 지속적으로 하기 위해서는 반드시 필요하다.
백화점 직원이나 고객 손님들이 20~30%를 차지하므로 하루는 백화점 휴
무일에 쉰다. 또 하루는 적합한 날을 택한다. 돈을 아무리 많이 벌어도 건
강을 잃으면 아무 소용이 없다. 게다가 우리 부부가 하루 종일 식당 일에만
매달려야 하므로 휴무일이 없으면 몸도 마음도 다 지칠 수밖에 없다. 가까
운 산에 가거나 도매시장 쇼핑을 가는 편인데 기분전환에도 아주 좋다.

푸짐하면서도 착한 가격으로
일 매출 130만 원 이상 올려

Q HOW 일반 밥집이 아니고 식사와 술안주를 겸하는 아이템이다. 그만큼 손맛이 중요한 장사인데?

A 나는 음식에 조예가 깊지 않다. 하지만 아내는 예전부터 음식을 잘하는 사람이었다. 찌개 종류와 찜은 주변에서 칭찬이 대단했다. 그러다 보니 아내가 자신이 가장 잘할 수 있는 아이템을 선택하자고 해서 시작하게 됐다. 음식장사는 맛과 정성이 기본이다. 이런 점에서 볼 때 주방장 역할을 하는 아내의 능력이 한껏 발휘되는 메뉴였으니 고객들로부터 인정을 받아 롱런하는 것 같다.

Q HOW 생선이 주재료이기 때문에 신선한 식재료 확보가 중요할 텐데 매일같이 시장을 보는가?

A 요즘은 주문만 하면 그날그날 신선한 식재료를 배달해 주는 곳들이 많다. 물론 주인이 매일 직접 시장을 보면 원가도 절감시키고 더 좋겠지만 둘이서 운영하면서 새벽시장까지 본다는 것은 무리다. 수면 시간을 줄여야 하기 때문에 버티기 힘들다. 신뢰할 만한 거래처에서 공급해 주므로 원가대비 마진이 좀 적더라도 만족하는 편이다.

Q HOW 신촌철판동태찜이 단골을 부르는 장점 몇 가지를 꼽는다면?

A 무엇보다도 다른 찜&탕 전문점들에 비해 양은 푸짐하면서도 가격이

30~40% 정도 저렴하다. 3~4인이 먹을 수 있는 메뉴가 보통 2~3만 원 선이다. 맛있고 양 넉넉하면서도 착한 가격이니 손님들이 찾아오는 게 아닌가 싶다. 물론 음식의 맛은 손맛이 중요한데 손님들로부터 주방장인 아내의 손맛이 좋다는 얘기를 자주 듣는다. 또 한 가지 장점을 말한다면 보통 탕이나 찜을 먹으려면 열기가 많아 후덥지근하고 끓기까지 시간이 걸린다. 우리는 주방에서 미리 요리해서 철판에 올려져 나온다. 먹다가 식으면 즉석에서 약한 불로 데우면서 먹으면 된다. 손님들로서는 번거롭지도 않고 한결 편하다고 생각한다.

Q **HOW** 요즘 점포사업이 전반적으로 어렵다고 하는데 손님이 많은 것 같다. 매출이나 순수익은 어느 정도나 되는가?

A 점심식사 메뉴로 아구탕, 대구뽈찜, 생선구이, 갈치조림, 김치찌개 등을 취급하는데 5~6천 원으로 저렴하기 때문에 손님이 많은 편이다. 하루 보통 60~70명이 찾아온다. 저녁장사는 식사가 아닌 찜과 탕(해물, 낙지, 동태, 대구뽈, 아구 등등) 전문으로 운영하는데 5시 30분부터 시작해서 새벽 1시까지 한다. 찜과 탕만 하지만 종류가 다양하기 때문에 저녁 겸 술 한잔 하려는 손님들이 많이 찾아오는 편이다. 겨울에는 하루 130~150만 원 정도의 매출이 오르지만 여름은 100만 원 선으로 조금 떨어진다. 올해는 여름 비수기가 없는 것 같아서 장사하는 재미가 난다.

Q **HOW** 연륜이 깊은 선배 창업자로서 점포 창업을 준비하는 이들에게 조언
을 해준다면?

A 음식점이라면 맛이 좋아야 하는 것은 기본이고 입지 조건도 좋아야 한다.
맛이 좋아도 입소문이 나기까지는 2, 3년의 시간이 걸리기 때문이다. 그러
나 가장 중요한 것은 친절서비스를 위한 변치 않는 마인드다. 찾아온 손님
이 다시 와야 사업의 지속성과 안정성이 보장된다. 손님을 다시 부르는 1
등 공신은 친절서비스다.

WHERE

입지는 중요하나
전부는 아니다

점포사업의 성패는 입지 조건에 달려 있다는 것을 모르는 사람은 없다.
다만 비싼 권리금과 임대료를 감당할 만큼 자본력이 충분하다면 몰라도
그게 아니라면 창업비용을 최소화할 수 있는 입지를 찾아내고
틈새아이템을 선택하는 지혜가 중요하다.

망한 점포도
살리기 나름이다

● 창업 3단계_WHERE 입지는 중요하나 전부는 아니다

　몇 년을 사이에 두고 한 자리에서 새로운 아이템의 점포들이 잇달아 문을 열었지만 1년을 못 버티고 문을 닫았다. 십중팔구는 입지 조건이 아주 안 좋다는 얘기다. 하지만 드물게 개점하면 곧 망하는 자리에서도 보란 듯이 대박을 터뜨리는 경우도 있다. 새로운 주인의 사업수완이 곧 실력을 발휘하는 경우다. 이런 사례를 지켜보면 역시 '점포 성공은 주인 하기 나름이다'는 말이 저절로 나온다.

　저자가 직접 취재를 한 사례 중 영등포역 뒷골목에 자리한 한 만화카페가 그런 대표적인 사례다. 영등포역 남쪽 출구에서 횡단보도를 건너 영등포동 주택가로 50여m 들어가면 3층 건물 뒷면에 지하로 내려가는 입구가 있고 이곳에 '현이와 양이'라는 만화가게가 있다. 건물부터가 허름한데다 입구에 가지 않고서는 간판이 보이지도 않는다. 그나마 건물 외벽에 '만화카페'라는 현수막이 걸려 있는 게 다행이다. 영락없는 주택가 골목의 그것도 지하 점포이니 좁은 계단을 내려가 가게 문을 열기 전까지는 한 마디로

저평가(?)를 할 수밖에 없다. '누가 이런 만화방을 찾아오겠어' 라는 말이 저절로 나온다. 이쯤 되면 여주인 혼자서 월 1300~1400만 원의 매출을 올리는 소위 '잘나가는 만화가게' 라는 소문이 믿겨지지 않는다. 소문이 사실일까? 의심을 하면서 문을 여는 순간 놀라운 광경이 펼쳐진다. 90m²(35평) 실내의 벽면엔 5만여 권에 달하는 만화책들이 3중장 책장에 빼곡히 꽂혀 있고, 30여 석의 의자는 만화 마니아들로 가득 차 있다. 평일에도 피크타임인 6시부터 10시는 늘 빈자리 찾기가 힘들며 주말에는 줄서서 기다리거나 아니면 아쉽게도 발길을 돌려야 한다.

'현이와 양이' 는 8년 전부터 이곳에 자리를 잡은 동네 터줏대감이었지만 4년 전 지금의 주인 정미선 대표가 인수하기 전까지는 그야말로 별 수 없는 골목 만화방이었다. 하루 매출이 고작 7~8만 원 선이었으니 임대료 내고 나면 주인 손에 들어오는 돈이 뻔하니 문 닫기 직전이었다. 2010년 새 주인을 만나면서 점포는 확 달라졌다. 단골들이 늘어나고 멀리 수도권 신도시에서까지 만화 마니아들이 찾아오면서 매출이 하루 평균 40~50만 원대로 올랐다. 무엇이 죽어가는 점포를 톱클래스 점포로 변신시킨 것일까?

이 점포의 정미선 대표는 만화가게 운영 경력이 자그마치 27년 된 베테랑 중의 베테랑으로 업계 마이더스의 손으로 통한다. 어떤 점포든 그가 손을 대면 문 닫기 일보 직전이라도 다시 살아난다. 스물한 살 시절 시작하여 20여 년간 성공 사례를 남긴 대전에 이어 장사가 잘되어 주인에게 다시 넘겨준 인천의 만화방도 그랬듯이 지금의 점포 역시 그를 만나면서 새롭게 태어났다. 정 대표의 만화가게 운영 철칙이자 성공 노하우는 신간 구입과 차별화된 서비스 그리고 상호 이 세 가지다. 단적인 예로 그는 망해 가는 가게를 인수하더라도 가게 이름을 절대로 바꾸지 않는다. 다만 간판을 키우거나 간판 색깔을 바꿔 눈에 잘 들어오도록 하고 현수막을 내거는 식이다. 신생 점포라는 느낌보다는 새로운 주인이 가게를 리뉴얼했다는 것을 알리는 쪽을 택한다. 기존의 고객을 놓치지 않기 위해서란다.

입지 조건이 좋은 상권의 점포는 권리금과 보증금, 월세 등이 만만찮다. 이 때문에 젊은층이 많은 유흥가나 대학가 상권에서는 권리금 1억 이상은 기본이다 보니 3~4억으로도 커피점 하나 차리기 힘들다는 말이 나온다. 이런 점포 창업 환경 때문에 실속을 추구하는 초보 창업자들 중에는 소자본을 투자하여 사업의 위험성도 줄이고 작게 시작해서 크게 키우려는 야망을 갖고 의도적으로 입지 조건이 좋지 않은 점포를 찾는 경우도 있다. 나름대로 사업 계획이 치밀하고 의지가 강한 예비창업자라면 얼마든지 손을 들어주고 싶다. 본래 타고난 입지 조건이 안 좋다거나 망해나가는 자리로 소문이 난 자리지만 누군가에게는 오히려 기회의 땅(?)이 될 수도 있기 때문이다.

전에 사업을 하던 사람이 망해서 문을 닫고 나간 점포이거나 뒷골목 유동인구가 적은 입지 조건의 점포의 가장 큰 장점은 권리금이 아예 없거나 싸다는 것이다. 권리금만 적게 들여도 창업비용은 크게 절감할 수 있으니 다음은 새로운 주인이 하기 나름인 것이다. 비록 입지 조건은 좋지 않을지라도 입지에 크게 좌우되지 않는 업종을 잘 선택하고 운영 전략에서 남다른 노하우를 발휘한다면 이것이 바로 망한 점포 살려내는 성공케이스인 셈이다. 망해가는 점포 살려내는 것이 주특기로 알려진 만화카페 '현이와 양이'의 정미선 사장의 사례가 바로 이에 해당하는 셈이다.

그렇다면 최소비용으로 나만의 사업을 위한 점포 창업에 도전해 보는 것이다. 먼저 창업을 위한 전체 마스터플랜을 잘 그리고 신중하게 선택한 아이템에 대한 구체적인 운영 전략을 세우는 것이다. 이어서 망한 가게도 상관없으니 마땅한 점포를 찾아 나서자. 다리품을 좀 팔면 어떠한가. 실속창업을 통한 성공으로 가는 길이라면 감수해야 하지 않겠는가.

재래시장 길목
황금상권이다

'사람 사는 동네 같다'

'착한 가격이란 바로 이런 거다'

올해로 4년째 주 1, 2회씩 출근하다시피 찾아가는 부천 원미동에서 만나는 사람들마다 마치 자신의 고향 자랑처럼 쏟아놓는 말이다. 그들의 즐거운 비명 속에는 '부흥시장' 이라는 명물이 숨어 있다.

주부들이 찬거리를 준비하는 오후가 되면 서로 부딪히지 않으려고 앞뒤 양옆을 살피며 걸어야 할 정도로 많은 사람들로 북적이는 재래시장인 부흥시장과 그 주변의 노점 상권은 부천에서는 이미 소문난 쇼핑거리다. 이곳은 딱히 어떤 물건을 사지 않더라도 그냥 스쳐 지나가는 그 자체만으로 삶의 활력소가 되어준다.

부천시 원미구 원미동은 '부천의 원도심' 으로 불리면서 70년대 이후 30여 년 간 부천시의 팽창과 발전의 역사를 같이했던 곳이다. 중동과 상동 신시가지의 등장으로 유명세가 잠잠해지긴 했지만 여전히 부천지역에서는 그 어느 곳도 원미동의 명성을 이기지 못하는 것이 바로 재래시장의 파워다.

원미산 아래 언덕배기에 1970년대부터 조성되기 시작한 원미 2동 부흥시장과 횡단보도 하나를 사이에 두고 나란히 펼쳐져 있는 원미 1동의 원미종합시장은 부천사람이라면 모르는 이가 없다. 상동과 중동지역에 백화점과 할인점이 출현했지만 '원미동 재래시장'으로 불리는 이 두 시장의 인기는 아직도 그대로다. 대형쇼핑센터를 눈앞에 두고도 이곳 원미동으로 시장을 보러 오는 신시가지 주부들이 적지 않다는 것이 이곳 상권의 건재함을 대신 말해 준다.

소설가 양귀자의 '원미동사람들' 덕분에 중학교 교과서에도 등장할 만큼 이름값이 높은 원미동의 중심추 역할을 하는 두 재래시장을 이처럼 거창하게 말하는 데는 그럴 만한 이유가 있다. 재개발이나 뉴타운 개발로 주거환경이 아파트문화로 바뀌었어도 점포 사업 시 매력이 큰 곳이 다름 아닌 재래시장과 그 주변상권이기 때문이다.

예나 지금이나 창업전문가들의 조언 중 빼놓지 않고 거론되는 입지 조건 중 하나가 재래시장 상권이다. 재래시장, 백화점, 할인점 등이 공존하는 상권의 경우 최고의 입지 조건으로 거론하기도 한다. 신유통업태들로 인해 재래시장이 힘을 잃어가고 있다고 하지만 아직도 재래시장이 갖고 있는 마켓 파워는 결코 작지 않다.

재래시장을 찾는 이들은 다양하다. 굳이 인근지역에 사는 서민들이 아니더라도 제사나 명절 차례상을 준비하려는 주부들은 으레 찾아가는 곳이 재래시장이고 가격은 저렴하면서도 푸짐한 먹거리와 다양한 상품을 만나보려는 실속파들에게는 최고의 쇼핑장소로 통한다. 이 때문에 서울이든 지방이든 재래시장을 찾는 이들의 발길은 여전하다. 요즘 들어서는 대다수의 시장들이 시설 현대화를 추진하여 계절이나 날씨에 상관없이 쇼핑을 할 수 있다 보니 구경 차 시장을 찾는 이들도 적지 않다. 전국 어딜 가더라도 오가는 이들에게 몇 마디만 물으면 쉽게 찾아갈 수 있는 그 지역의 명소로 통하는 곳이 재래시장이기도 하다.

재래시장의 이 같은 건재함은 무엇보다도 점포 입지 조건의 성공 포인트 중 하나인 유동인구가 많다는 것을 의미한다. 제 아무리 멋진 인테리어가 한눈에 띄는 점포일지라도 찾아주는 고객이 없으면 속 빈 강정이다. 또 좋은 품질의 상품을 저렴하게 판매하는 실속만점의 점포도 마찬가지로 고객의 발길이 이어지지 않으면 문을 닫을 수밖에 없다. 또 한 가지 재래시장 주변상권의 장점을 꼽는다면 유동인구는 시내 번화가 못지않게 많으면서도 임대료나 권리금은 저렴하다는 것이다. 여기에 생계형 창업을 하는 이들이 재래시장 상권을 선호하는 또 다른 이유가 있다면 아이템 선택의 폭이 넓다는 점이다. 주부들이 주 고객인 지역상권인 만큼 먹거리에서 의류 생필품은 물론이고 미용실에 이르기까지 다양하다는 것이다

장사는 무엇보다도 사람이 몰리는 곳이어야 한다. 특히 생활형 아이템일 경우 더욱 그렇다. 연령 계층에 상관없이 주말은 물론이고 평일에도 꾸준히 유동인구가 많아야만 한다. 이 때문에 창업 전 시장조사에 만전을 기하기 위해서는 다리품을 팔더라도 평일, 주말, 오전, 오후, 저녁 등 요일별, 시간대별 유동인구 체크가 반드시 필요하다.

GOOD & NO

POINT1 재래시장 길목 상권 GOOD (잘되는 사업)

독립형 제과점, 땡처리점, 할인점, 떡집, 만두&빵집, 야채가게, 과일가게, 신발가게, 칼국수전문점, 미용실, 보세여성의류점, 속옷가게, 저가 피자점, 핸드폰 대리점.

POINT2 재래시장 길목 상권 NO (잘 안 되는 사업)

편의점, 전문식당, PC방, 치킨호프집, 문구점, 횟집, 노래방.

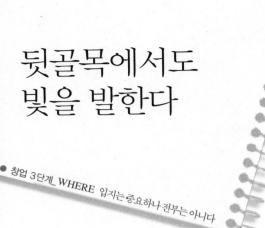

뒷골목에서도
빛을 발한다

　"아니, 이런 뒷골목에서 장사가 될까? 오가는 사람들도 별로 없잖아. 그래도 가게는 대로변이나 유동인구가 많은 상권이 최고 아니냐고."

　입지 조건이 점포사업의 성공요인 중 하나라는 인식이 지배적이다 보니 사업경험이 없이 점포 창업을 준비하는 사람들의 대다수는 목 좋은 점포를 어떻게 하면 싸게 임대할 수 있을까에 목숨을 건다. 크기가 작더라도 교통이 편리하고 사람들이 몰리는 곳이어야 성공한다는 통념이 머릿속에 강하게 뿌리내려 있기 때문이다. 과연 그럴까?

　체인사업 본부에서 10여 년 간 몸담고 있는 S본부장의 말에 귀기울여볼 필요가 있다.

　"점포가 크고 목이 좋다고 다 성공하는 것은 아니다. 어떤 사업이든 유동인구 많고 교통이 편리하여 접근성이 용이하다면 당연히 고객은 많을 것이다. 시쳇말로 도심의 지하철역 주변이라면 안 되는 장사가 없다는 말도 일리가 있다. 하지만 하루에 100만 원 버는 가게지만 권리금이 억대에 달하고 임대료가 월 7, 8백만 원에 달한다면 크게 남는 장사가 아니다. 오히려 앞으로 남고 뒤로 밑지는 꼴이 된다. 입지를 선정할 때 신중하게 고민해 보아야 하는 중요한 것 한 가지는 어떤 아이템의 사업인가이다. 불특정 다수의 고객을 상대하는 비즈니스가 아닌 업태라면 굳이 일급상권을 고집할 필요가 없다. 전문성이 강한 업종이어서 고객의 폭이 제한적이긴 하지만 타깃이 정확하다면 대로변이 아닌 뒷골목 상권의 점포가 오히려 실속이 있다. 몇 분 더 걷더라도, 반드시 1층이 아닐지라도 남다른 마케팅 기법을 발휘하거나 고객의 욕구를 충족시킬 수 있는 그 무언가가 있다면 C급 상권에서도 비전은 얼마든지 있다."

설령 이 말이 전문가의 말이 아닐지라도 결코 틀린 말이 아니다. 상권이 좋지 않은데도 불구하고 소자본 창업의 성공사례를 만들어내는 이들이 의외로 많다.

지인 중 P는 2012년 초 서울 도심의 대학가 상권에서 퓨전주점을 창업하여 발 빠르게 사업 자리매김을 한 경우다. 대학가 상권이라고 해서 점포 임대에 따른 부담이 마냥 큰 것만은 아니다. 입지 조건은 좀 떨어지더라도 기존의 점포를 인수하기보다는 창고나 다른 용도로 사용했던 공간을 점포로 개점시키게 되면 흔한 말로 '개천에서 용 난다'는 게 통할 수 있다. P가 운영하는 점포가 그렇다. 대학가 상권인 만큼 주변의 골목골목 1, 2층에는 작은 주점이나 카페들이 즐비하게 늘어서 있는데 그가 선택한 자리는 지하였다. 점포로 운영되던 공간이 아니었기에 권리금도 없었고 보증금과 월세가 천만 원에 40만 원이었다. 만약의 경우에 대비하여 벽면은 페인트로 처리했고 조명에만 신경을 썼을 뿐 인테리어에는 거의 돈을 안 들이다시피 했다. 이 때문에 창업비용은 총 2500만 원으로 해결되었다고 한다. 2년이 지난 지금 P는 월 매출 800만 원 선으로 모든 지출 비용을 제하더라도 순수익이 400만 원이 넘는다고 한다.

지방에 위치한 D의료기기 매장 또한 입지 조건은 C급인데도 성공한 점 포로 알려져 있다. 체인본사측은 환자나 노인들이 주고객으로 전문성이 강한 사업 아이템의 특성과 이 점포 사장의 남다른 마케팅 비법을 성공노하우로 꼽는다. 의료기기의 경우 불특정 다수의 소비자를 겨냥한 사업이 아니고 타깃고객이 정확하기 때문에 점포 홍보만 되면 고객들은 알아서 찾아온다는 장점을 잘 활용한 케이스라고 한다. D점포는 굳이 비싼 권리금과 임대료를 지불하지 않더라도 소자본으로 창업이 가능했고 월 지출도 그만큼 절감되는 장점을 안고 있다. 이 점포의 사장은 창업 당시부터 전화번호 스폰서링크 전략을 추구했다. 대도시에서도 의료기기 전문매장을 찾기란 쉽지 않다. 병원 인근이나 교통 좋고 동종 점포들이 몰려 있는 전문상권이 아닌 이상 인터넷이나 안내전화를 통해 정보를 탐색하지 않으면 안 된다. 지방의 경우는 더욱 그렇다. 이 때문에 단골이 아닌 이상 대다수의 고객들이 소문이나 114 안내전화를 통해 점포의 전화번호를 확인하고 찾아가야 한다. 이 같은 사업 아이템의 특성을 제대로 읽은 것이다. 114 안내전화 스폰서 링크의 경우 1년에 돈 100만 원이 채 안 들어간다. 점주에 따라서는 이 비용이 아까워서 꺼리는 이들도 있지만 입지 조건이 안 좋은 뒷골목에서 저비용으로 창업했고 임대료 또한 싸다는 것을 감안한다면 이 정도의 마케팅 비용은 아까운 돈 낭비라는 말을 할 수는 없을 것이다.

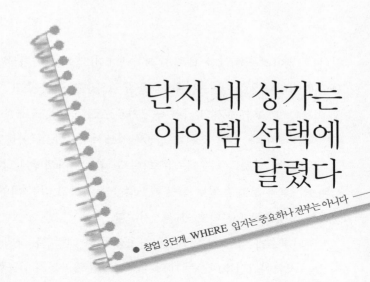

단지 내 상가는
아이템 선택에
달렸다

● 창업 3단계 WHERE 입지는 중요하나 전부는 아니다

　구멍가게나 소형 수퍼마켓의 전성시대는 끝났다고 한다. 대형 할인점이나 SSM의 다점포화와 공격적인 마케팅에 밀리고 24시간 장점과 다양한 상품 구성을 내세운 편의점에 밀려 문을 닫는 점포들이 한둘이 아니니 아주 틀린 말은 아니다. 하지만 꼭 정답은 아니다.

　고양시의 S마을 아파트 단지 내 상가에 자리 잡은 한 수퍼마켓은 오후 4시 이후가 되면 고객들로 붐빈다. 점포 면적은 40평이 채 안 되지만 계산대가 두 개라는 것은 이용 인구가 적지 않다는 얘기다. 이 상가가 자리한 지역은 천여 세대로 구성된 아파트단지로서 반경 200m 이내에 타운하우스도 여러 동 자리하고 있고 길 건너에는 원룸타운도 있어 유동인구가 아닌 상주인구를 고객으로 끌어들이기 한결 수월하다. 300여m 떨어진 곳에 자리한 SSM은 신호등을 두 번이나 건너야 하는데다 대형 할인점은 차로 이동해야 하는 거리에 있어 대형점들과의 경쟁을 피할 수 있는 위치다. 게다가 이곳에서는 생필품을 비롯해 정육을 제외한 냉장 냉동식품이나 야채를 구입하는 데 어려움이 없다. 대형 수퍼마켓에 비해 큰 차이가 없기 때문에 간단한 찬거리나 급히 필요한 생필품을 구입하려는 인근 주민들로서는 수시로 이용하기 좋다. 주거 밀착형 수퍼마켓으로서는 입지 조건이 제대로 맞아떨어진 셈이다. 입지 조건과 상품구성에서 고객을 끌어들일 수 있다는 점 외에도 이 점포의 경우 동네수퍼마켓 치고는 마케팅이 남다르다. 배달 서비스는 물론이고 포인트 적립 시스템을 운영하고 있어 대형마트들에 버금가는 마켓파워를 지니고 있다는 것이다.

상주인구수가 어느 정도 확보되어 있는데다 대형점들과의 경쟁을 피할 수 있는 지역이라면 40~50평 대의 수퍼마켓도 얼마든지 성공할 수 있다. 다만 입지 조건에서도 틈새시장을 찾아내야 하는 것이 관건이다. 특히 입지 조건에 따른 아이템을 어떤 것으로 결정하느냐 하는 것은 중요한 일이다.

언뜻 보아서는 장사가 될 것 같은데도 안 되는 점포가 있다. 횡단보도만 건너면 천여 세대의 아파트 단지가 있고 주변에는 단독주택가가 밀집되어 있는 부천의 A지역에서 편의점을 운영해 오던 K씨는 개점 7년 만에 문을 닫았다. 간신히 생활비를 건질 정도의 수입이 발생한 이 점포는 최근 2~3년 사이 경기 침체의 영향을 받으면서 매출은 오히려 더 떨어지고 인건비도 뽑아내지 못하는 상황까지 오게 됐다. 반경 200m 이내에 24시간 편의점이 없는데다 아파트 세대수와 유동인구 또한 적지 않은 것을 감안한다면 장사가 될 듯하지만 기대에 못 미쳤다. 이유는 무엇일까? 사실은 이 점포의 입지 조건이 문제였다. 서민층이 많은데다 몇십m 거리의 재래시장 입구에 중형 수퍼마켓이 있고 저녁 10시가 넘으면 유동인구가 거의 없다시피하다는 것이다. 그렇다면 업종선택을 잘못한 것이다. 24시간 운영 소매점으로서는 적합하지 않은데다 재래시장을 이용하는 고객은 단돈 100원이라도 싼 점포를 선호하는데 편의점은 물건 값이 슈퍼나 구멍가게보다도 더 비싼 편이니 이용고객이 많을 리가 없는 것이다.

아파트 단지를 낀 단지 내 상가라던가 아파트 단지에서 버스가 오가는 대로변으로 이어지는 상권의 점포사업은 아이템이 중요한 몫을 차지한다. 특별한 신종 사업아이템보다는 서민층이 꾸준히 이용하는 흔하면서도 일반적인 업종이 안정적이다. 다만 해당 사업아이템이 주변의 상권 영향을 받지 않아야 하며 그 지역 특성에 어울려야 한다. 당연히 신중한 선택이 필요한 것이다.

아파트 단지 내 상가 아이템 선정 시 주의할 점

POINT1   수퍼마켓
500m 이내에 재래시장이나 대형 할인점이 있으면 피해야 한다.

POINT2   편의점
버스가 다니는 대로변과 접해 있어야 하며, 주변에 재래시장이나 중대형 수퍼
마켓이 있으면 어렵다.

POINT3   세탁소
이미 점포가 들어선 경우에는 피해야 한다. 세탁업의 특성상 마케팅을 잘한다
고 해서 수요가 지속적으로 창출되는 것은 아니다.

POINT4   치킨점
치킨배달과 호프주점을 병행하는 형태의 창업이어야 한다. 아파트 단지일지라
도 배달은 필수이기 때문에 스티커 홍보와 맛의 차별화에 만전을 기해야 한다.

POINT5   독립제과점
중형, 대형 평수가 많은 고급 아파트 상가라면 유명 브랜드 제과점이 통하지만
서민형 아파트 밀집지역 상가는 품질에만 자신이 있다면 저가 제과점이 통한
다. 독립 점포로 해야 승산이 있다.

POINT6   정육점
가격은 착한가격이어야 하며 덤이라도 얹어주는 점주의 장사 수완이 필요하다.

큰 가게보다는
ㄱ자 ㄴ자 점포를
잡아라

● 창업 3단계_WHERE 입지는 중요하나 전부는 아니다

진주가 아무리 아름답더라도 모래 속에 섞여서 눈에 보이지 않으면 그건 한낱 모래알이나 다름없다. 뛰어난 미모를 지닌 절세미인일지라도 한적한 시골마을에 살면 미모로 인해 얻을 수 있는 부가적인 이익이나 효과는 기대하기 어렵다. 요즘 시대 비즈니스는 노출(?)에서부터 시작된다.

기업이든 제품이든 알려지지 않으면 무용지물이기에 일단 세상에 알려지는 것이 급선무다. 이 때문에 마케팅을 위한 수단으로 홍보가 매우 중요한 몫을 차지하게 되었고 이제 기업은 물론이고 정부나 공공기관에서도 PR(public relations : 홍보)은 없어서는 안 되는 중요한 업무로 자리 잡고 있다. PR이라는 말이 일상용어처럼 흔한 말이 되고 있는 이유다.

점포사업도 마찬가지다. 어떤 아이템을 취급하든 소비자들에게 알려지는 것이 급선무이며, 그 다음은 고객 서비스나 품질로 평가를 받게 된다. 점포사업의 경우 소비자들 사이에 '어디에 어떤 점포가 문을 열었더라'는 입소문이 번져나가는 것은 아주 흔한 일로 입소문의 주인공이 된다면 그 점

포는 절반은 성공한 셈이다. 그렇다면 세계 80여 개국에 제품을 수출하는 한 중소기업의 마케팅 사례를 엿보는 것도 좋은 벤치마킹이 된다.

디지털카메라 방수팩을 제조하여 수출 강자로 급부상한 강원도 원주에 소재한 (주)디카팩이 해외시장에서 입소문으로 성공한 것은 바로 전시장 부스의 선택이었다. 이 회사의 전영수 사장은 창업초기 중소기업으로서는 해외영업인력 확보가 어렵다 보니 직접 다리품을 팔면서 해외 전시회에 참가했다. 바이어들을 만나 제품을 알리는 데는 가장 빠르고 효과적이라는 판단에서였다. 그런 그에게는 전시장 부스 선택 시 하나의 철칙이 있었다. 2면 노출 부스를 잡는 것이다. 부스가 크면 클수록 바이어나 관람객들에게 제품을 노출시킬 수 있는 빈도가 높아지기 때문에 대기업들은 부스 두 개, 세 개를 하나로 디스플레이하는 것이 보편적인 사례다. 비용면에서 중소기업은 그럴 만한 입장이 못 되는 만큼 전 사장은 같은 면적일지라도 정면만이 아닌 2면 노출이 가능한 ㄱ 자 또는 ㄴ 자 형태의 부스를 선택한다는 것이다. 정면만 노출되는 일반적인 부스에 비해 부스 임대 비용이 1.5배 수준이지만 관람객들의 이동시 동선을 고려할 때 정면 한쪽만 드러나는 부스 2개를 임대하는 비용보다는 저렴하면서 제품 노출을 통한 홍보효과는 더 크기 때문이다.

점포사업도 마찬가지다. 제품이나 내부인테리어의 전시효과를 노리는 점포들은 대부분 2면이 노출된 도로변 모서리에 자리해 있다. 오가는 사람들이 자연스럽게 내부를 훤히 들여다볼 수 있는 위치인 만큼 유동인구의 시선과 발길을 붙잡는데 한결 유리한 입장이다. 시내 골목상권은 물론이고 부도심상권에서도 점포는 정말 작은데 길모퉁이에 자리해 있어 2면이 노출된 점포들을 심심찮게 볼 수 있다.

저자가 5, 6년 동안 단골로 다니던 종로3가에서 가까운 청계천변의 작고 아담한 호프집이 있었다. 1, 2층 점포 면적은 다 합쳐야 열 평이 채 안 되는 이 점포는 모서리에 자리해 있어 작고 아담한 카페형 공간 2면이 앙증맞게 노출된 형태였다. 2층에서는 청계천 산책로가 훤히 내려다보일 만큼 전망도 좋아서인지 단골들이 꽤 많은 편이었다. 안주 가격도 몇 천 원 하는 메뉴에서 비싸야 2만 원 정도까지 저렴하고 다양해서 작은 점포는 늘 손님들로 북적였다. 이쯤 되다 보니 한여름에는 당연히 노출된 ㄴ자 형태의 노출된 2면 밖으로는 파라솔이 대여섯 개가 설치되어 넘치는 손님을 흡수할 수 있었고, 한겨울에도 외부 노출 공간에 비닐 가림막을 설치하여 고객을 끌어들였다. 10여 년 넘게 꾸준히 두터운 단골층을 확보하면서 점주 내외가 남매를 대학까지 졸업시키면서 생계유지를 하게끔 한 일등공신이었다고 한다. 아쉽게도 이 점포는 건물주의 리모델링으로 인해 새롭게 단장하고 다른 카페로 다시 태어났다. 허름하고 작은 건물을 건물주가 큰 비용을 투자하여 리모델링을 하기까지는 그만큼 장사가 잘되는 목 좋은 점포였다는 것을 증명해 주는 셈이다.

무작정 크고 대로변에 있는 점포라고 해서 장사가 저절로 잘될 거라는 환상은 갖지 말아야 한다. 작은 점포일지라도 2면 노출로 오가는 이들을 잡아 끌 수 있는 매력만 있으면 성공 가능성은 높아질 것이다.

기회의 땅 중국
현지 진출도 좋다

'세계의 공장'으로 불리던 대륙의 넓은 땅의 경제 트렌드가 바뀌고 있다. 중국은 이제 거대 소비시장으로서 세계 각국 글로벌 상인들이 모여드는 뜨거운 경쟁무대로 변했다. 유통업과 식음료는 물론이고 교육사업까지 해외업체들의 현지 진출 업종은 다양해지고 세분화되었다. 상황이 이쯤 되고 보니 12억 중국을 향한 한국인들의 창업열풍 또한 붐이 일고 있다.

저자가 취재를 갔던 13년 전만 해도 중국은 제조업체들에게 임금이 싸서 좋은 새로운 생산기지로 각광받았을 뿐 유통업체나 개인사업가들의 점포창업 진출은 찾아보기 힘들었다. 단지 이랜드만이 현지 대도시 백화점에서 유명세를 떨치기 시작하던 시절이었다. 상해처럼 글로벌화가 빠른 대도시에서도 식음료 사업진출은 맥도날드 같은 패스트푸드점과 스타벅스 같은 글로벌 프랜차이즈 기업을 제외하고는 해외업체들의 진출이 그다지 눈에 띄지 않았다. 더욱이 한국음식점을 찾기란 보물찾기보다도 더 힘들었다. 한국식 치킨을 먹기 위해 호텔에서 30분간 택시를 타고 한국인들이 많이 거주하는 지역까지 가야만 했을 정도다.

중국은 시장개방 이후 연평균 10% 성장률을 기록해 오면서 국내총생산 (GDP) 규모에서 세계 2위의 경제대국으로 자리 잡았다. 땅 넓고 인구 많고 여기에 경제발전을 통해 소비시장이 서민층에게까지 폭넓게 확대되다 보니 세계인의 관심을 받는 것은 이미 예견된 일이며, 우리나라의 기업과 상인들이 앞다퉈 현지에 진출하는 것은 당연한 것이다. 우리는 지리적으로 중국과 아주 가깝고 유교문화권의 이웃 국가로서 유사한 풍습이 많거니와 사람들의 외모 또한 비슷하고 조선족들이 수십 년 전부터 정착해 있던 만큼 현지 비즈니스 성공에 한결 유리한 입장인 셈이다. 이런 이유로 창업전문가들은 중국에 진출하는 데 유리한 우리야말로 지금이 기업은 물론이고 소자본 창업을 준비하는 이들에게도 호기라고 말한다. 현지에 진출하여 소자본 창업을 하려는 예비창업자들을 위한 창업컨설팅이 그 어느 때보다도 활발한 것은 그 단적인 증거다.

최근 중국시장에 한국인이 뛰어들었을 때 성공 가능성이 높은 업종으로는 의류, 화장품, 식품 등 생활소비재, IT제품, 이벤트 분야 등이 꼽힌다. 이는 드라마, 영화, 대중음악 등을 통해 번져나간 한류가 소비자들에게 '한국 제품은 좋다' 는 식의 분위기를 만들어준데다 품질, 서비스, 기술력 등에서 우리 제품들이 중국 제품에 비해 경쟁우위를 확보하고 있기 때문인 것으로 분석된다. 드라마 '별에서 온 그대' 로 인해 중국에서 '치맥' 이 인기를 끌면서 한국식 치킨과 맥주를 사기 위해 줄을 서는 진풍경이 일어난 것을 보면 더욱 그렇다. 중국여성들로부터 절대적인 지지를 받고 있는 화장품 또한 한국을 찾는 중국 관광객이 해마다 급증하는 한편 한국에 대한 이미지가 좋아지면서 만들어낸 한류특급 제품이 되고 있다. 의류와 화장품 외에도 피부관리실, 카페, 비빔밥 음식점, 고깃집, 피자, 떡볶이 체인점 등 다양한 우리나라의 유통업과 식음료 사업이 현지에서 자리매김을 하고 있는 중이다.

중국 창업 시장의 확대 및 내수시장의 급성장은 현실이며 누구든 현지 창업의 기회가 활짝 열려 있는 것이 사실이다. 전문가들의 세부적인 분석으로는 커피, 음식, 피부, 교육, 반려동물, 이벤트 등이 한국인의 소자본 창업에 유리한 아이템으로 알려지고 있다. 다만 철저한 사전준비가 없는 창업은 국내에서와 마찬가지로 대부분 실패로 끝나고 만다. 무대가 넓은 만큼 경쟁자도 많고 해결해야 할 문제도 적지 않다. 비근한 예로 소자본 창업으로 음식점 사업을 시작할 경우 현지에서의 점포임대, 재료 구입, 현지에 맞는 조리법, 종업원 교육 및 관리, 까다로운 행정 절차, 문화 · 언어 차이 등 극복해야 할 과제가 한둘이 아니라는 것이다. 게다가 중국시장의 경우 큰 만큼 소비자들의 차이도 커서 겨냥하는 타깃 고객층과 그에 맞는 상품개발 및 운영 전략은 매우 중요하다. 음식사업은 아니지만 발 빠른 진출로 중국시장에서 VIP 고객을 잡으면서 명품으로 자리 잡은 국내의 한 의류브랜드의 성공과는 달리 국내에서는 대성공을 거둔 대형할인점이 현지 일반 소비자들의 심리는 제대로 못 읽어내서 실패하면서 보여준 희비가 엇갈린 진출 결과는 중국시장 진출에서의 성공이 마냥 쉽지 않다는 것을 대신 말해 준다.

중국 현지 진출을 위한 기초 정보 6가지

POINT1 임대료는 천차만별이다

임대료가 천차만별인데다 외국인 회사와 내국인의 거래는 가격차가 크다. 또 대도시의 경우 이미 전 세계 유명한 브랜드들이 진입해서 경쟁하고 있어 시내 중심에 가면 임대료가 입이 벌어질 만큼 매우 비싼 편이다. 이 때문에 중국에서 창업을 하려는 한국인에게 가장 어려운 일은 점포나 사무실을 구하는 것이라고 한다. 따라서 신뢰할 만한 중국 파트너와 동업을 하던지 아니면 인맥을 통해 현지정보에 밝은이들에게 도움을 받지 않으면 힘들다.

POINT2 직접 가서 눈으로 보고 판단해라

중국에서 앞서 창업을 한 한국인들의 십중팔구는 창업을 하려고 한다면 수박 겉 핥기 식으로 시장을 볼 것이 아니라 충분히 시간을 갖고 직접 현지에 1개월 이상 체류하면서 시장탐색에 나서라고 조언한다. 주목하고 있는 도시를 구역별로 나누어서 철저하게 시장조사를 하는 것은 필수다. 시장의 현황과 트렌드를 읽은 후에 희망하는 상권의 유동인구 파악은 물론이고, 현재 유사한 사업을 하는 점포의 관계자나 직원들을 통해 보다 구체적인 정보를 얻어야 한다는 것이다.

POINT3 지역 특성을 찾아내라

중국 시장은 북경에서 잘 팔리는 상품이라고 해서 상해에서도 인기가 좋은 것은 아니다. 이를 테면 도시마다 지역 특성이 강해서 서로 다른 시장으로 보고 진출을 해야 한다는 말이다. 특히 국가에 대한 애국심보다는 자신이 살고 있는 지역에 대한 애향심이 더 강한 편이서 지역 문화에 대한 자부심이 대단한 만큼 대상지역의 문화와 사람들의 생활방식에 대한 조사를 철저히 한 후 현지에 맞는 상품으로 맞추어서 시장에 진입하는 것이 바람직하다. 특히 같은 아이템이 아니더라도 비슷하거나 유사한 경험자로부터 경험담과 조언을 듣는 것이 반드시 필요하며 실패 사례에 대한 조사분석도 필수다.

POINT4 상품 자체의 제품력으로 승부해라
한류 분위기 덕에 한국 제품에 대해서는 마냥 호의적이라고 생각할 수도 있으나 결코 그렇지만은 않다. 한류의 인기가 모든 제품 구매로 연결되는 것은 아니기에 지나치게 한류에 기대려고 한다면 어렵다는 것이다. 패션·미용 상품은 한류의 영향을 크게 받고 있지만 그 외에는 품질력으로 승부를 걸지 않으면 어렵다.

POINT5 외상투자기업으로 법인을 설립해라
소자본 창업을 할 때 현지 직원이나 친구 명의로 법인을 설립하는 경우가 있는데 이는 자칫 위험할 수도 있다. 외국인의 경우 반드시 외상투자기업으로 법인을 설립해야 리스크를 최소화할 수 있다. 또한 상호등록, 출자금 납입, 지적재산권 출원 및 법원 등기 이후 인허가 문제 등이 간단하지만도 않고 시간 걸리므로 예상치 못한 금전적 손실과 시행착오를 줄이려면 충분한 정보 입수와 준비가 필요하다.

POINT6 향유형 제품에 주목해라
중국인들은 직접 체험하고 경험할 수 있는 레저, 여행, 마사지, 맛있는 음식을 먹는 데는 돈을 아끼지 않는 편이다. 특히 역사를 가진 전통적인 것에 돈을 아끼지 않으며, 음식은 재료의 신선함을 중요하게 여긴다. 화장품 또한 원료를 중요하게 여기는 편이다. 중국인은 대체적으로 한국인이 운영하는 점포는 친절하고 서비스가 좋다고 생각하므로 이런 점들을 잘 살려 창업을 하는 게 현명하다.

POWER INTERVIEW

이원의료기기 파주시 금촌역점 정해동 대표
"인생 2막 창업으로 시작했습니다."

의료기기 판매점을 운영하는 정해동 대표는 은퇴 후 인생 2막으로 창업을 선택한 시니어 창업의 대표적인 케이스다. 30여 년간 병원 사무장으로 일해 오다 2012년 퇴직을 한 그는 휴식을 취하다가 2014년 4월 창업을 감행했다. 고령화사회로 접어든 우리나라 환경에 맞는 실버시장에 잘 맞아떨어지는 아이템을 선택했고, 전직에서 쌓은 건강과 의료에 대한 기본 상식과 지식을 활용하는 계기로 삼았다. 아직은 창업초기라서 감히 성공했다는 말을 할 수는 없지만 스스로 생각할 때 창업하기를 잘했다는 쪽이다. 또 장기적으로 성장 전망이 밝게 보여서 말 그대로 희망에 찬 인생 2막을 맞이했다고 말한다.

직장시절 점 찍어놓은
경력 활용 가능한 아이템 선택

Q **WHY 은퇴 후 창업을 한 케이스다. 고민이 많았을 것 같은데 어떤 계기나 특별한 이유라도 있었는지?**

A 병원 사무장으로 30여 년 넘게 일해 오다 2012년 퇴직했다. 퇴직을 앞두

고 몇 년간 고민을 했다. 활동적인 성격이어서 마냥 놀 수는 없다는 생각에 은퇴 후 무엇을 할 것인가에 대하여 일 년에 두세 번 정도씩 했던 것 같다. 의정부시에 있는 병원에서 마지막 근무를 했는데 인근에 의료기기 판매점이 있었다. 관심이 끌려서 수시로 매장을 방문하다 보니 점포 비즈니스 창업으로 관심이 기울어졌다.

Q **WHY** 고령화시대를 맞이하여 의료기 및 복지용구 비즈니스는 요즘시대 잘 맞아떨어지는 점포 사업인 것이 사실이다. 하지만 노인 문제에 대한 관심이나 건강과 관련된 다양한 지식이나 상식이 없으면 접근하기 부담스러울 수도 있는 사업 아이템 아닌가?

A 아무래도 병원에서 일했기에 나라면 의료기기판매 사업에 뛰어들어도 충분히 해낼 수 있다는 자신감을 갖고 있었다. 하지만 현실은 달랐다. 생각과 실전은 다르다는 것을 실감했다. 초창기에는 고객응대나 상품설명에 있어서 좌충우돌을 겪기도 했다.

Q **WHY** 체인점이 아닌 독립 점포로 창업하여 운영하는 점포들도 있는 것으로 알고 있다. 체인점을 선택한 이유가 있었는지?

A 판매업은 처음이기 때문에 독립점으로 창업한다는 것은 심적으로 부담이 됐다. 더욱이 의료기기 판매점은 상품 종류도 다양하고 제품 정보도 해박해야 하기 때문에 체인점을 선택했다. 창업 전 시장조사나 전망에 대한 정보를 직접 보고 듣고 한 매장이 바로 이원의료기기 체인점이어서 체인본사에 대한 신뢰감도 있었다.

Q WHY 파주 금촌이 본래 살던 곳이었는지 아니면 이곳의 상권이 입지 조건
으로서 특별히 좋은 것인가?

A 본래 일산에 살고 있었는데 창업할 무렵 운정신도시 쪽으로 이사를 해야
하는 상황이었다. 그러다 보니 인근 지역에서 점포를 찾게 되었다. 사실 의
료기기전문점으로서 우리 점포의 입지 조건은 A급이 아니다. 금촌역세권
인데다 버스정류장이 바로 앞에 있어 교통은 아주 좋은 곳이지만 유동인구
는 그렇게 많지 않다. 게다가 의료기기는 특성상 종합병원 원내 점포나 병
원 앞 점포가 아니더라도 주변에 의원이나 병원이 있어야 유리한데 이곳은
한 곳도 없다.

Q WHY 입지 조건으로서 A급도 아닌데 굳이 지금의 점포를 선택한 데는 뭔
가 이유가 있을 것 같다.

A 대로변인데다 버스정류장도 바로 앞에 있어 권리금 부담이 클 수 있는데
본래 식당을 운영하던 자리였고 폐업한 상태여서 적은 비용으로 얻을 수
있었다. 업종 특성상 의료기기판매점은 병의원이 있는 곳이 유리하긴 하지
만 그렇다고 번화가일 필요는 없다. 젊은층이 주 고객도 아니고 일반 소매
점과는 다르기 때문이다. 창업비용도 줄일겸 해서 이 점포를 선택했다.

Q WHO 의료기기판매점은 특수성이 있을 것 같다. 체인점주들과 교류도 활
발하다고 들었는데 점주들의 연령대는 어느 정도인가?

A 체인점이 80여 개점 되는데 이 중 30~40대와 60대 점주가 각각 10%선
이고, 50대가 다수를 차지한다. 여성점주나 부부가 함께 하는 경우도 많

은 것 같다. 창업은 혼자 하더라도 사업이 확장되면 부부가 함께 하는 것이 바람직하다. 복지용구 시장이 커지고 있기 때문에 배달이 늘어날 수밖에 없다. 이럴 경우 남편이 배달을 하면 점포를 지킬 인력이 필요하기 때문이다.

Q **WHO** 점포를 찾는 주고객은 누구인가?

A 월롱을 포함한 파주시와 문산, 적성, 법원리 등에 거주하는 서민들이다. 연령대가 60~70대이다. 그러다 보니 고객들 중에는 보청기약이나 파스 같은 단가가 낮은 소모품 하나 구입하러 오는 분들도 많은 편이다. 하지만 무조건 친절하게 대하고 건강에 대한 이런저런 하소연이나 궁금증에도 적극적으로 응대한다. 연세 드신 노인분들은 친절하고 자상한 응대에 신뢰를 갖기 때문에 단골이 된다.

Q **WHAT** 창업 과정에서 애로점이 있었다면 무엇이었는지?

A 식당을 하던 자리라서 폐기물처리 비용이 다소 들어갔고 인테리어 및 오픈 준비과정에 생각보다 시간이 더 소요됐다. 식당을 했던 자리여서 점포 용도변경을 해야 하는데 건물주 자녀들의 공동명의로 되어 있어 일일이 동의를 얻어야 하는 등의 문제가 있었다. 법이 바뀌어서 일반적으로 건물이 근린생활시설로 되어 있으면 도소매업은 용도변경을 하지 않아도 되는 것으로 알고 있다. 하지만 정말 큰 어려움은 상품 종류가 워낙 많고 또 상품에 대한 충분한 지식을 갖고 있어야 고객응대가 가능한 만큼 처음 한두 달은 많이 힘들었다. 고객이 오면 마음이 급해지는데 용도나 사용법을 다 꿰

차고 있는 정도는 아니었기 때문에 그럴 때마다 본사로 전화를 해서 도움을 받았다. 그런데 난처한 경우가 종종 있다. 손님들이 제품을 찾을 때 정확한 이름을 말하는 게 아니라 '등에 붙이는 거 주세요' 하는 식이다. 파스도 있고 저주파와 부항기도 있는데 어떤 제품을 원하는지 답답했다. 이제는 어느 정도 감으로 알아차리고 응대하는데 아무래도 시간과 경력이 해결해 주는 것 같다.

Q **WHAT** 고객들의 구매 빈도가 높은 제품은 어떤 것들인가?

A 당뇨환자들이 많은 편이다. 혈당 혈압 관련 제품들이 많이 판매되며, 찜질기, 부항기, 안마기의 판매율도 높은 편이다. 시간이 흐를수록 복지용구 판매도 많아지고 있다. 복지용구의 경우 일반 제품에 비해 마진율은 조금 덜하지만 수요는 크게 늘어날 것 같다. 사업 전망은 밝게 보인다.

Q **WHAT** 어떤 사업이든지 쉬운 것은 없다. 나름대로 애로점은 있을 것 같다.

A 당연하다. 거저 돈 버는 일이 있겠는가. 지금 가장 힘들다고 생각하는 것은 점포사업인데다 혼자서 하다 보니 온종일 갇혀 있다는 것이다. 사업초기라서 휴일도 단 한번 쉬지 않고 문을 열었다. 오전 10시부터 저녁 9시까지 점포를 지키고 있어야 하는데 내 성향 자체가 매우 활동적인 편이다 보니 더욱 갑갑함을 느끼는 것 같다. 사업이 자리를 잡으면 그때는 월 1회 정도 휴일을 가질 생각이다.

Q HOW 창업비용은 얼마나 들었는지 궁금하다. 의료기기용품점이라서 어느 정도 투자가 되지 않았을까 싶은데.

A 점포 면적이 창고를 포함해서 총 13평인데 점포사업 치고는 적게 들어간 편이다. 보증금 2,500만 원, 권리금 1,500만 원, 인테리어 1,500만 원, 초도상품비용 2,000만 원 등 총 8천만 원 정도가 투자되었다. 지속적으로 상품을 구비해야 하므로 매출이 어느 정도 발생하더라도 원활한 자금 회전을 위해서는 약간의 예비비용이 필요하다. 1,500만 원을 예비비용으로 확보하고 시작했으니 약 1억 원 정도가 투자된 셈이다.

Q HOW 사업은 매출과 순수익이 얼마인가가 중요하다. 창업한 지 4개월 정도 지났는데 매출은 어느 정도인지?

A 체인점들 매출이 보통 월 1,000만 원에서 2,000만 원선이라고 한다. 우리 점포는 1,200만 원 선이다. 초기매출 치고는 만족스러운 수준이다. 마진율은 40% 선인데 이런 저런 지출 비용을 제하고 나면 약 300만 원 이상 순수익이 남는다.

Q HOW 60대 창업은 다소 위험부담도 있기에 선뜻 일 저지르기가 쉽지 않을 수도 있다. 지금 창업하기를 잘했다고 생각이 드는가?

A 나이 60 넘어서 누구 눈치 보지 않으면서 일할 곳이 있고 수입 또한 이 정도면 괜찮은 것 아닌가 싶다. 사실 주변의 은퇴한 지인들을 보면서 큰 돈은 벌지 못해도 활동할 수 있다는 것 자체만으로 나는 현실에 만족하면서 매출이 점점 늘어나는 것을 느끼면서 미래 희망도 갖게 되어 좋다. 게다가 이

사업은 보람이 있다. 연세 드신 분들에게 복지용구를 설치해 주고 돌아오는 길엔 누군가에게 도움이 되는 일을 하고 있다는 자부심을 느낀다.

Q HOW 고령화사회로 접어든 만큼 실버산업도 확산될 것으로 보인다. 의료기기 판매점 사업을 하려는 이들도 많을 텐데 사업 선배 입장에서 조언을 해준다면.

A 앞에서도 말했지만 가장 중요한 것은 친절서비스다. 손님이 문 열고 들어오면 빨리 일어나서 밝게 인사하며 다가서고 나갈 때는 문 열어주면서 배웅인사를 하는 것부터 철저하게 해야 한다. 쉽고 당연한 일 같지만 몸에 배어야 한다. 두 번째는 의료기기 특성상 판매하는 제품에 대한 지식 외에도 건강에 대한 다양하고 풍부한 지식이 있어야 한다. 병원에 가서 의사 앞에 앉아서 대화하는 시간은 1분도 안 걸린다. 때문에 우리 점포를 찾아오는 노인분들이나 환자 입장에서는 시간적 여유를 갖고 얘기를 들어주며 상담해 주기를 원한다. 고객의 표정을 재빨리 읽고 고객으로 하여금 자신의 얘기를 꺼내게 만드는 것이다. 진지하게 경청하면서 상대에게 도움이 될 수 있는 건강에 대한 자신의 지식을 나름대로 접목시켜 응대해 주면 고객은 신뢰를 갖는다. 그러면 판매하는 제품에 대한 신뢰도 또한 높아지고 단골이 된다. 또 다른 한 가지를 꼽는다면 개점 초기에는 반드시 홍보가 필요하다는 것이다. 의료기기점은 어디서나 흔하게 만날 수 있는 점포가 아닌 만큼 지역 내 게시대에 현수막을 내걸고 전단지 직접 배포를 통한 홍보도 하는 게 좋다. 현수막을 10개 정도 걸었는데 개점 홍보에 대한 효과가 있었다고 본다. 지금은 개점한 지 몇 개월 지났기 때문에 현수막보다는 전단지 직접 홍보나 점포 정면 윈도우에 건강이나 제품 관련 포스터를 직접 만들어 부착하는데 이 또한 좋은 방법인 것 같다.

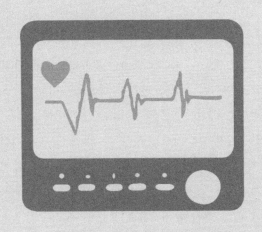

HOW

성공과 실패는
KNOWHOW에 달렸다

비즈니스의 성공 여부는 경영자의 몫이다.
소자본 창업은 더더욱 사장의 역할이 중요한 만큼
그의 마인드와 실행의지 그리고 능력에서 성패가 판가름 난다.
사장이 되고자 한다면 어떻게 사업을 펼쳐갈 것인지에 대해
전략과 실행의지가 필수다.

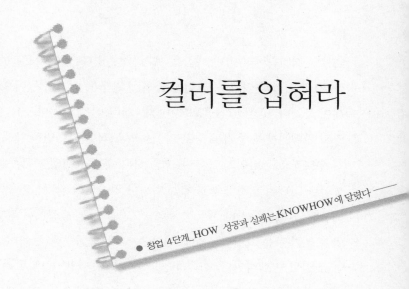

창업 4단계_HOW 성공과 실패는 KNOWHOW에 달렸다

컬러를 입혀라

컬러만큼 사람의 시선을 집중시키거나 마음을 흔들어놓는 것도 드물다. 암스테르담에는 온통 붉은 색상의 제품만을 취급하는 선물용품 & 인테리어소품 전문점이 있다. 컬러에 관한 한 고집이 있는 숍 'ROOD'다. 네델란드의 수도 암스테르담의 번화가이자 관광명소인 댐 광장과 위령탑 인근 Barmoesstraat 137a에 자리한 이 점포는 오로지 빨간색 제품만 취급한다. 장갑, 털목도리, 모자, 스카프, 지갑, 가방 등의 패션소품, 앞치마, 치마, 원피스 등의 아동의류, 앨범, 액자, 바구니, 인형 등의 인테리어 소품, 주전자, 접시, 컵 등 주방용품, 작은 신발, 요람 같은 아기용품 액세서리 등등 무려 수백여 가지가 넘는 취급 제품의 컬러가 한결같이 붉은색이다.

빨간 나라 'ROOD'라는 7평 정도로 작은 이 점포에 유명 브랜드 제품이 있는 것도 아니고 아주 특별한 기술력으로 만든 제품이 있는 것도 아니지만 사람들의 발길이 꾸준히 이어진다. 그 비밀은 무엇일까?

제품이 온통 붉은색이니 혼란스럽거나 아니면 무서운 분위기가 감돌지는 않을까? 혹자의 이런 예감은 보기 좋게 빗나간다. 이곳을 찾는 주 고객은 30대 이상의 여성들. 고객들 중 십중팔구는 매장에 들어오자마자 깔깔대며 웃는다. 웃음소리는 고객이 있는 한 끊이질 않는다. 제품을 보고 만지면서 판매원에게 묻기도 하고 자신들의 느낌을 말하면서 때로는 아줌마들의 수다장소로 바뀌기도 한다. 제품 하나 하나가 귀엽고 예쁘다. 아기용 제품이나 인테리어 소품들 중에는 너무나 앙증맞아 감탄사가 저절로 나오기 때문이다. 갓난아기나 사용할 수 있을 만큼 작은 요람이나 장난감 같은 신발과 조끼 등은 그야말로 눈과 입을 동시에 놀라게 한다. 어디 그뿐인가. 제품 진열도 이색적이다. 소품들은 작은 의자나 테이블에 올려놓거나 또는 예쁜 바구니에 담아놓아 더욱 정겹게 느껴진다. 온통 빨간색 제품들인 만큼 벽면은 전체가 흰색으로 칠해진 것도 점포 안을 심플하면서도 깨끗하게 만들어준다.

저자가 현지에서 직접 만나 인터뷰를 한 판매원 Jerney Van Balle양은 "제품들이 재미있고 특별하다 보니 고객들과 한결 편안하게 대화를 나누게 되고 쉽게 친해져서 너무 좋아요. 일하는 내내 늘 웃으니 시간가는 줄 모르고 즐거워요. 우리 가게처럼 즐거운 가게는 없을 거예요."라고 말했다. Balle양의 말에 의하면 길을 지나다 호기심에 들어와서 매장을 둘러보다가 선물이나 집안에서 쓸 소품 한두 가지씩 구입해가는 고객이 적지 않다고 한다. 가격이 비싸면 아무리 이색적이고 귀여워도 구입은 부담스러운 일. 보통 가격이 10에서 30유로 정도인 제품들이 많은 만큼 제품의 장점 외에도 가격이 중저가인 장점이 매출에 한몫을 거드는 셈이다.

점포사업에서 성공하고 싶다면 남다른 아이디어가 필요하다. 그것은 바로 컬러를 입히는 것이다. 천편일률적인 인테리어와 동일한 방식의 서비스를 제공하는 프랜차이즈 체인점은 브랜드파워를 무기로 매출을 올린다. 하지만 독립 점포는 홀로 일어서야 하는 부담이 있다. 소규모 음식점이나 점포에서 돈 들여 광고를 할 수도 없다면 다른 점포들이 흉내 내기 힘든 나름대로의 차별화가 필요하다. 색다른 컬러(?)만 있다면 오가는 이들의 시선집중과 마니아들의 입소문을 통해 점포 홍보는 저절로 되고 매스컴의 스포트라이트까지 받게 된다.

여기서 저자가 말하는 컬러라는 것은 두 가지 의미를 내포한다. 하나는 말 그대로 암스테르담의 빨간나라 점포 ROOD처럼 제품 인테리어 등 한가지 컬러로 소비자의 이목을 집중시키는 것이다. 의류나 선물용품, 인테리어, 화장품, 벽지 등을 취급하는 전문점이라면 얼마든지 사업성공 가능성이 보인다.

컬러의 또 다른 의미는 개성을 말한다. 이를 테면 빅 사이즈 전문점처럼 같은 의류점포일지라도 타 점포와는 확연하게 구분되는 차별화를 점포에 입히는 것이다. **누구나 찾아오는 대중적인 점포도 좋지만 마니아들만 찾아오는 이색점포는 그 점포가 갖고 있는 개성만 확실하다면 안정적이고 장기적인 비즈니스로 이어갈 수 있다. 찾아오는 고객 모두 단골이 되기 때문이다.**

무대를 일본 동경으로 옮겨보자. 동경에서 젊은층의 쇼핑가이자 번화가로 불리는 시부야와 하라주쿠는 우리의 신촌이나 이대 앞 상권 같은 곳으로 한국 여행객들의 경우 이곳의 작은 패션숍들이 줄지어 늘어선 골목을 찾아가는 것은 필수다. 이곳에 가면 눈에 띄는 곳이 있다. '콘돔마니아'다. 이 숍은 개성만점으로 자기만의 컬러를 제대로 입고 있다.

콘돔마니아는 대로변(로터리)에 삼각기둥처럼 우뚝 서 있다. 우리나라의 경우 성인용품숍이나 약국에 가야만 콘돔을 구입할 수 있는데다 성인용품숍이 밤에만 문을 열거나 주로 2층에 자리해 있다. 하지만 콘돔마니아는 밝은 대낮에 그것도 대로변에서 문을 열고 있으며 이용하는 고객들 또한 남성보다도 여성이 더 많은 편이다. 그녀들은 아주 자연스럽게 들어가서 이것저것 구경도 하고 구입도 한다. 장사꾼 기질이 워낙 뛰어난 일본인만큼 콘돔의 종류도 수십여 가지로 형형색색이다. 캐릭터를 입혔거나 장난감 같은 형태의 콘돔들도 눈에 띈다. 한국과 일본의 문화차이를 운운하기 이전에 콘돔마니아는 적어도 차별화만큼은 확실한 전문점이라는데 이의를 제기할 수 없을 것이다.

어떤 분야나 형태이든 간에 비즈니스가 나만의 컬러를 입고 고객을 만나는 일, 그것은 분명 고객에게 신선한 즐거움 내지는 만족도를 높여준다. 또 동시에 사업자에게는 매출을 올리는 가장 큰 무기인 경쟁력을 선물해 줄 것이다.

긍정의 마인드를
입어라

언젠가 한 친구가 하소연을 했다. 식당 아무리 해야 남는 게 없단다. 인건비 빼고 갈수록 상승하는 재료값 제하고 나면 사장인 자신의 인건비 빼기도 바쁘다는 것이다. 한 사람 인건비라도 줄이기 위해 최근 들어서는 자신도 앞치마 두르고 서빙을 하는데도 매출은 여전히 호전되지 않는다면서 장사를 그만두어야 할지 아니면 다른 점포사업을 해야 할지 고민이라고 했다. 그러자 같이 있던 한 친구가 다소 충격적인 말을 했다.

"야, 사장이 앞치마만 두른다고 장사가 저절로 잘되는 줄 아냐. 앞치마 두르고 적극적으로 서빙하는 것도 좋지만 네 마음 먼저 긍정의 마인드를 입어야 해. 너 장사 안 된다고 한 게 어제 오늘 얘기냐. 장사 시작하고 1년도 안 됐을 때부터 늘 죽는 소리잖아. 안 된다, 힘들다, 어렵다 이런 말만 한다고 뭐가 해결되냐. 구체적으로 매출을 올릴 만한 아이디어를 떠올려서 실행하든지 해야지. 네 마음이 힘든데 당연히 웃는 얼굴로 손님들 맞이하기 어려울 것이고 그게 오래가면 오던 단골도 떨어지는 거 아냐. 네 마음부터 새롭게 갖고 긍정적으로 생각해 보라고."

입 바른 소리 같지만 틀린 말은 아니다. 책에서 성공한 인물의 강연에서 또 매스컴에서 따갑게 듣는 말이 '성공하려면 긍정적이어야 한다'는 말이지만 적지 않은 사람들이 한 귀로 듣고 한 귀로 흘려버린다. 그저 흔한 얘기, 듣기 좋은 얘기 정도로만 치부하고 실제 자신의 사고에는 결부시키지 않기 때문이다.

저자의 경우 취재기자로서 인터뷰의 90%는 사장들을 만나 그들로부터 사업 실패와 성공과정, 사업운영의 노하우 등을 듣는 일이다. 사업하는 사람 치고 시쳇말로 '거의 바닥칠 때까지 갔다'는 절망적인 경험 안 해본 사람이 없다. 심한 경우에는 그야말로 쫄딱 망해서 오갈 데도 없고 가족들 챙길 월세방 한 칸 마련할 돈도 없어서 온갖 고생을 한 사람들도 부지기수다. 하지만 그들이 다시 일어설 수 있었던 공통분모는 한가지다. 긍정적 사고였다. '또 실패하겠지'가 아니고 '이번엔 잘될 거야', '잘되도록 더 열심히 노력해 봐야지'라는 희망의 마인드가 있었기에 재기가 가능했던 것이다.

의학에서도 긍정적인 마인드가 환자에게 미치는 영향력은 매우 큰 것으로 알려져 있다. 같은 중병 진단을 받은 환자일지라도 자신의 현재의 삶을 비관적으로 생각하고 움츠러드는 사람보다는 현실을 당당하게 받아들이면서 잘 치료받고 운동하면서 식이요법을 하면 반드시 좋아질 거라고 긍정적인 사고를 하는 사람이 훨씬 치료효과가 좋고 더 오래 살 수 있다는 것이다. 질병의 원인 또한 긍정적인 마인드가 부족한 데서 비롯되는 것이 많은 편이다. 단적인 예로 2013년 기준 약 58만 명으로 매년 증가하고 있는 추세인 치매 환자의 80%가 우울증을 겪으며, 이는 매우 위험한 결과를 초래한다고 한다. 때문에 의사들은 나이가 들수록 사람을 자주 만나고 봉사 활동 또는 취미 생활을 함께 하며 정서적 안정을 찾고 긍정적인 마인드를 갖는 것이 중요하다고 조언한다.

누군가 소자본으로 창업을 하겠다고 하면 가족이나 주변인들이 하는 공통된 말은 '쉽지 않다', '프랜차이즈 체인점은 오래 못 버틴다' 식의 부정적인 우려의 소리들뿐이다. 어제 오늘의 얘기가 아니다. 하지만 이건 현명하지 못한 간섭이다. 창업의 꿈에 부풀어 있는 사람에게는 흔한 말로 초치는 일이나 다름없다. 차라리 좋은 정보를 들려주거나 충고를 할 만한 전문가적인 능력이 없다면 심사숙고해서 결정하고 최선을 다해 보라고 하거나 좋은 생각인데 준비에 만전을 기하라고 긍정의 메시지를 주어야 한다.

미국의 한 조사 기관에서 2013년 실시한 설문조사에 따르면 미국인들은 2001년 이래로 창업에 대해 가장 긍정적인 시각을 갖고 있는 것으로 나타났다고 한다. 2013년 4월~6월 사이에 5,698명의 미국인을 대상으로 실시한 설문조사에서 응답자의 47%는 창업을 위한 '좋은 기회'를 인식하고 있다고 답했다는 것이다. 또 경기 침체기가 시작된 이후 오히려 창업이 증가해 왔다는 결과도 나왔다. 응답자의 약 13%가 새로운 비즈니스를 창업했거나 창업을 준비 중이라고 답했는데 이는 2009년과 2010년의 8%보다는 증가한 수치라고 한다.

사업을 잘하는 경영인들은 '위기가 곧 기회다'라고 말한다. 평범한 서민들 중에서도 비즈니스감각이 남다른 사람들은 세상이 혼란스럽거나 경기가 안 좋은 시기일수록 돈을 벌 수 있는 틈새시장은 더 많다고 한다. 유명한 경영인이나 발 빠른 장사꾼이나 똑같은 것 한 가지는 현실을 부정적으로만 보지 않고 긍정적으로 바라보고 그 속에서 자신의 능력을 발휘하는 것이다.

우리나라 온돌보일러 제조 및 시공업체들 중에는 유럽의 CE, 러시아의 GOST 등 다양한 국가에서 제품인증을 받은 것은 물론이고, 남아프리카공

화국, 벨라루스 등 다양한 국가에 제품을 판매·시공 하는 등 최근 몇 년 사이에 우리의 온돌문화를 세계로 확산시키는 일등공신 역할을 하는 기업들이 몇몇 있다. 이들 중에는 규모가 작은 중소기업들도 포함되어 있다. 실제로 저자가 사장과 인터뷰를 했던 이 분야의 한 업체도 직원수 10명 미만의 작은 회사였다.

이미 잘 알려진 얘기지만 이쯤에서 두 신발 세일즈맨의 아프리카 출장 얘기를 하는 것도 괜찮을 것 같다. 그들이 아프리카에 도착했을 때 현지인들은 모두 신발을 신지 않고 맨발로 다니는 것이었다. 그런데 신발 수출가능성에 대한 두 사람의 마인드는 정반대였다. 한 사람은 신발 수출은 불가능하다고 했고, 다른 한 사람은 모두가 맨발이기에 오히려 성공 확률 100%의 황금시장이라는 생각을 했다. 당연히 결과는 긍정의 마인드를 지닌 사람의 승리로 돌아갔다.

사람의 행복과 성공은 그 사람의 생각에 따라 정해진다. 부정적이고 소극적인 사고를 버리고 긍정적이고 적극적인 사고를 갖는다면 누구든지 성공 비즈니스의 주인공이 될 수 있다.

"He can do it, She can do it, Why not me?"

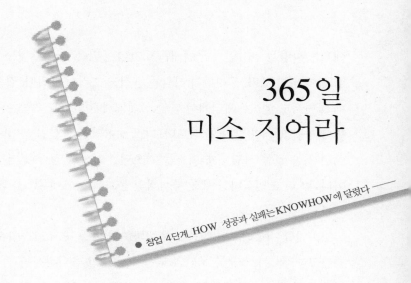

365일
미소 지어라

● 창업 4단계_HOW 성공과 실패는 KNOWHOW에 달렸다 —

항공사 스튜어디스가 되려는 관련 학과 학생들이나 취업준비생들은 수시로 볼펜을 입에 물고 있거나 거울을 보고 미소 연습을 하는 게 보편화된 일상생활 중 하나라고 한다. 요즘은 미소짓는 인상을 만들어주는 일명 '스마일 메이커(Smile Maker)'로 불리는 미소 교정기가 제품으로 나와 판매되고 있을 정도다. 스튜어디스를 꿈꾸는 이들은 물론이고 취업을 앞두고 면접 준비를 하는 젊은층에게는 잘 알려진 제품이다.

이쯤 되니 누군가의 입에서는 '미소가 뭐길래'라는 말이 나올 수도 있겠다. 하지만 '웃는 얼굴에 침 못 뱉는다'는 우리 속담을 거론하는 것만으로도 굳이 미소의 중요성에 대해 구구절절 설명할 필요는 없을 것 같다. 문제는 보편적으로 우리나라 사람들은 평소 자연스럽게 미소 짓는 얼굴을 하는 이들이 많지 않다는 것이다. 닫힌 공간인 엘리베이터를 탔을 때 서양인들은 눈인사, 즉 살짝 미소를 짓는다. 막힌 공간에서 낯선 사람과 함께 있다는 것에 대한 두려움이나 부담은 상대의 미소를 보는 순간에 사라진다. 그들에게는 사람을 만나면 누구에게든지 가볍게 밝은 미소를 짓는 것이 습관처럼 몸에 배어 있다. 우리나라 사람들은 결코 그러지 못하다. 같은 동 아파트에 살면서도 엘리베이터에서 만난 상대에게 눈인사를 하는 이들은 열이면 한국 사람 있을까 말까 할 정도다. 미소에 야박한 국민인 셈이다. 물론 여기에는 처음 보는 사람에게 미소를 지으면 '저 사람 정신이 약간 나간 사람 아니야?' 라고 인식하는 체면 중심적인 문화적 사고에 길들여진 탓이 클 것이다.

일반인들이야 타고난 성품도 무뚝뚝하고 미소 짓기 연습이 안 되어서 그렇다고 치자. 미소가 곧 무언의 최상 서비스인 음식장사를 비롯한 서비스 업종의 사장이나 직원들은 대체 왜 미소를 짓지 못하는 걸까? 소형 점포의 경우 거의 대다수가 손님이 들어가도 '너 왔니. 필요한 거 있으면 말해' 라는 식의 무뚝뚝한 표정으로 고객을 맞이하는 게 다반사다. 서비스 마인드가 조금 나은 편인 대형마트나 고급 음식점의 경우 '어서오세요', '안녕하세요' 라는 인사말이 들려오긴 하지만 목소리만 들릴 뿐 미소짓는 얼굴은 보기가 어렵다. 손과 눈은 제품을 진열하거나 청소나 잔 일 같은 자신의 일을 하면서 단지 입만 버릇처럼 인사말에 길들여진 정도라는 느낌이 들 정도다. 눈을 마주치지 않는 기계음 같은 인사를 좋아하는 사람은 없을 것이다. 그나마 호텔에 가거나 항공기를 탑승했을 때 그야말로 완벽하게 미소 지으면서 인사를 하는 직원들을 만나게 된다.

우리보다 앞서도 한참 앞서 있는 일본의 서비스업계 예를 들어보자. 일본에는 우리의 김밥전문점만큼이나 거리에서 쉽게 볼 수 있는 점포가 '규동전문점' 이다. 점포 면적이 20여 평도 채 안 되는 곳이 대부분이고, 일하는 사람도 두세 명인 점포가 대다수다. 하지만 문을 열고 들어서면 가장 먼저 눈에 띄는 것이 점주나 종업원들의 인사다. 고객을 바라보고 밝은 미소를 지으면서 경쾌한 목소리로 '이라세이마세'라며 '어서오세요'를 외친다. 그들의 미소 짓는 인사는 비단 규동전문점에서만 볼 수 있는 것은 아니다. 물건을 파는 곳, 서비스를 제공하는 곳이라면 어디서든지 만나는 일본의 트레이드마크 같은 인상적인 모습이다. 이럴 때 손님 입장에서는 들어서는 순간부터 '나는 지금 대접 받고 있다'는 생각이 저절로 든다.

웃는 사람은 행복하고 성공할 가능성이 높다고 한다. 기업이든 점포사업자든 마찬가지다. 국가를 이끌어가는 대통령도 소시민들도 미소 짓는 사람이 많을 때 그 나라의 국운이 상승한다고 한다. 주인은 물론이고 모든 직원들이 미소 짓는 얼굴로 고객을 맞이할 때 고객들은 만족스럽고 그 점포는 성공으로 향한다. 업종, 업태를 떠나서 점포의 크고 작고를 떠나서 장사를 하는 모든 사장들의 마음은 단골을 많이 만들고 제품을 많이 팔아서 성공하고 싶을 것이다. 대체 무슨 연유로 돈 들어가지 않는 서비스인 미소 짓기에 인색한 것일까?

사람들은 해맑은 미소를 짓는 아이들의 얼굴을 보면서 행복해 한다. 웃는 아이들을 보는 것 그것만으로도 마음은 편하고 뭔가 좋은 일이 일어날 듯한 즐거운 감정으로 빠져들게 된다. 의학적인 측면에서 웃음은 질병을 예방하기도 하고 치유하기도 한다. 사람이 크게 한번 웃으면 몸속의 근육 650개 중 231개 근육이 움직이며, 웃는 순간 1000억 개에 달하는 뇌세포를 자극한다고 한다. 설령 소리 내어 크게 웃지 않더라도 살짝 웃는 미소만으로도 우리의 몸은 건강해진다. 미소 짓는 얼굴의 경우 표면적으로는 얼굴의 근육 15개가 움직여 만들어내는 것처럼 보이지만 실제로는 훨씬 더 많은 근육이 움직인다고 한다. 한 연구 결과를 보면 미소를 짓는 것만으로도 우리 신체의 부교감신경을 자극해 심장을 천천히 뛰게 하고 몸 상태를 편안하게 만들어주므로 심장병을 예방해 준다. 이뿐만이 아니다. 스트레스를 진정시키고 혈압을 떨어뜨리며 혈액순환을 개선시키는 효과가 있으며 소화액 분비를 촉진시켜 식욕을 불러일으키고 면역력도 높여준다는 것이다.

소문만복래(笑門萬福來)라는 말이 있다. '웃는 집안에 복이 많이 들어온다'는 뜻이다. 미소를 짓는 것만으로도 고객이 즐거워 만족하고 자신의 건강까지 좋아진다면 두 마리 토끼를 잡는 일인 셈이다. 개인적으로 우울하거나 걱정스러운 일이 있다 할지라도 사업을 하는 당사자라면 미소 짓기 연습을 해서라도 일하는 내내 미소를 짓는 습관을 길들여야 한다. 사장인 자신은 물론이고 함께 일하는 직원들도 미소 짓기 연습을 시켜라. 흔한 얘기 당연한 얘기처럼 들릴 수도 있겠지만 명심해야 한다. 이런 노력도 하기 싫다면 차라리 장사를 접는 게 나을 일이다. 특히 '얼마나 번다고 거울 보고 웃는 연습을 해'라고 말한다면 그것은 자신의 비즈니스 성공 한계를 알아서 긋는 자해행위가 될 것이다. 미소도 없고 친절함의 이미지도 없는 점포라면 문을 닫을 것이 뻔하기 때문이다.

미소 연습

POINT1   거울과 얼굴

미소 짓는 연습을 할 때는 가능한 한 거울을 보면서 해라. 그래야만 무엇이 부족한지 스스로의 미소에 대한 평가를 할 수 있다.

POINT2   볼의 근육 이완법

볼을 터질 듯이 팽팽히 부풀리거나 10초간 볼을 힘껏 빨아들여라. 그런 다음 입을 상하좌우로 움직인다. 이 같은 동작을 반복하는 것이다.

POINT3   미소 짓는 입 모양 만들기

'아 / 에 / 이 / 오 / 우'의 입 모양을 정성껏 만들어 발음한다. 또 위스키를 발음해 본다. 얼굴의 근육이 풀리면서 밝은 표정이 자연스럽게 된다.

POINT4   인사말의 반복법

감사합니다, 고맙습니다, 미안합니다, 죄송합니다 등과 같은 말을 적절히 사용하면서 끝의 "다"의 억양을 내리지 말고 올려서 발음한다.

돈 값은
반드시 해라

"저 집 음식 정말 본전 생각나게 한다."

누구나 한 번쯤은 친구나 가족들과 함께 식당에서 밥을 먹고 나서 문을 열고 나왔을 때 음식 값을 지불한 사람이 이런 말을 하는 것을 경험했을 것이다. 이런 경우 십중팔구는 음식 맛이 시원찮았을 것이며, 가게의 이미지를 결정짓는 그 점포의 분위기나 종업원의 친절 또는 부가 서비스 중 그 어느 하나도 고객을 만족시키지 못한 결과다. 설령 맛은 기대치에 못 미치더라도 그 외의 다른 어느 한 가지만이라도 고객을 만족시키는 것이 있었다면 적어도 '다시 올 일 없다'는 선언이나 다름없는 본전 생각을 표현하지 않는 게 사람들의 심리다.

전통 한옥을 카페로 만든 서울시내에 있는 한 업소는 계산을 하고 나가는 손님들의 대부분이 주인이나 종업원에게 밝은 미소로 눈인사를 하거나 만족스러웠다는 표정을 짓는다. '감사했어요', '수고하세요'라는 말을 남기는 이들도 적지 않다. 커피나 맥주 칵테일을 판매하는 일반적인 카페에

194

서 맛의 차별화를 기한다는 것은 그 자체가 무리다. 그럼에도 불구하고 고객들이 이처럼 자신이 지불한 값에 만족했다는 표정이나 여운을 남기는 것은 무엇 때문일까?

문을 연 지 13년이 된 이 카페는 세 가지 특징이 있다. 카페에 들어서는 순간 대다수의 사람들은 놀라워한다. 우리의 전통문화 거리인 인사동의 한옥 찻집보다도 더 한옥의 아름다움을 그대로 살린 건물 그 자체의 매력이 한눈에 들어온다. 대들보가 한눈에 드러나 보이면서 천장의 서까래가 고즈넉한 한국의 미를 발산한다.

공간 자체가 갖는 이 같은 형태적 특징과 분위기도 색다르지만 설령 이 카페가 콘크리트 구조물이었다고 할지라도 고객들의 시선을 붙잡는 또 하나의 특징이 있다. 다름 아닌 1년 365일 한결같이 테이블마다 화병에 다양한 생화가 꽂혀 있다는 사실이다. 목이 긴 병에 장미 한두 송이 정도 꽂아놓은 화병이 아니라 화사하고 탐스러운 꽃다발 수준의 꽃들이다. 게다가 봄부터 가을까지는 입구의 화단이나 안마당 정원에 싱그러운 정원수와 꽃들로 가득하다.

건물도 그저 그렇고 꽃도 없다고 치자. 그래도 이 카페를 찾는 고객들의 표정은 변함이 없을 듯하다. 그럴 만한 충분한 이유가 있다. 바로 이 카페의 하이라이트 서비스인 과일이다. 5천 원 하는 원두커피 한 잔을 마셔도 접시에 제철과일이 서비스된다. 봄엔 딸기, 여름엔 수박, 가을엔 감, 겨울엔 바나나 또는 키위가 먹기 좋을 만큼 준다. 맥주나 칵테일을 마시면서 안주를 시키지 않아도 되니 손님 입장에서는 최소의 비용으로 최대의 효과를 보는 셈이다.

이 카페의 특징을 다시 한 번 정리해 보자. 멋진 한옥 구조가 주는 자연미 넘치는 인테리어에 테이블 위에는 활짝 웃는 꽃이 있고, 그 옆에 무료 제공되는 과일 접시가 있다면 이것은 감동 그 자체일 수밖에 없다. 그러니 돈 내고 돌아서는 고객들의 표정이 만족스러움으로 가득차고 단골이 늘어날 수밖에 없는 것이다.

'내 돈 쓰고 아깝지 않은 사람 없다' 는 말이 있다. 점포의 생명력은 고객의 인정 여부에 달려 있다. 한번 찾아온 고객이 그 가게를 다시 찾아갈지 아니면 다시 가고 싶지 않은지는 고객이 점포 문을 나설 때 이미 결정된다. 쉽게 말하면 무엇 하나만이라도 고객을 만족시킬 수 있는 장점이 꼭 필요하다는 것이다.

10년, 20년, 30년 된 가게들은 단골들이 알아서 찾아오며 입소문을 듣고 찾아오는 손님들로 피크타임에는 줄을 선다. 종로 5가에 위치한 '닭 한 마리' 음식점 J는 일본인 관광객들이 약도를 들고 찾아올 정도다. 단골도 아닌 외국인 손님들이 30분 또는 한 시간 줄을 서서 기다려서라도 음식을 먹으려는 이유는 뻔한 것이다. 이 점포의 경우 '맛' 으로 소문이 나 있기 때문이다. 지금에야 몇 년 전 화재로 인해 반듯한 현대식 건물로 다시 태어나 깔끔한 외형을 자랑하지만 그 이전에는 그야말로 건물은 보잘 것 없었다. 게다가 골목 안으로 들어가 있어서 맛 아니면 특별히 내세울 것이 없는 음식점인 게 사실이다.

점주는 고객의 입장에서 자신의 가게에 대해 냉정하게 판단을 해야 한다. '이 정도면 그냥 괜찮은 거 아닌가' 라고 스스로 합리화시키지 말고 '만일 '나' 라면 다시 찾아오고 싶은 가게일까?' 에 대해 진지한 고민을 해보아야 한다. 가격, 품질, 서비스, 분위기 등 모든 것을 만족시킬 수 있는 점포라면 매출에 대한 고민 따위는 하지 않아도 된다. 경쟁 상대가 많은 일반적인 아이템의 장사에서 모든 것을 다 만족시키기란 쉽지 않은 일이다. 그렇다면 어느 한 가지만이라도 만족시킬 수 있는 다른 점포들과는 차별화된 장점을 만드는 것은 아주 중요한 일이다. 바로 여기에서 성패가 결정난다고 보면 된다.

고객을 홀릴 수 있는 장점을 살리는 테크닉

POINT1

그 어느 점포의 상품과 비교해도 최상의 품질이다.

POINT2

동종 업태의 다른 점포보다 가격이 저렴하다.

POINT3

친절서비스가 호텔이나 백화점 수준이다.

POINT4

독특한 인테리어로 분위기만큼은 따라올 곳이 없다.

POINT5

다른 데서는 찾기 힘든 특별한 상품(음식 또는 제품)이 있다.

POINT6

마일리지제도를 운영한다. 단 마일리지 서비스를 활용하기 위해 10회 이상 이용해야 한다면 문제가 있다.

POINT7

이벤트가 있다. VIP우대나 할인행사 또는 작은 음악회 같은 정기적인 이벤트가 있다.

서비스의
진정성을 가져라

다양한 분야의 서비스업에서 직원으로 10여 년간 일해 본 경험이 있는 여성인 A씨는 1년 전 자신의 영업노하우를 발판삼아 작은 치킨점을 개업했다. 크게 내세울 것이 없는 평범한 브랜드의 프랜차이즈 치킨점인데다 점포는 10여 평 정도밖에 되지 않는다. 하지만 이 작은 점포는 저녁 일곱 시부터 열시 사이 피크타임 내내 테이크아웃 고객과 내방고객들로 북적인다. 일 매출 100만 원은 기본으로 오른다. 누가 봐도 이 점포의 무기는 여주인의 미소다. 막내 동생 같은 고등학생이든 부모님 같은 60대 손님이든 활짝 웃는 그녀의 미소에 사람들은 감동한다. 억지가 아닌 자연스러움이 한껏 묻어나는 미소에 친절한 말투까지 마치 오래 전부터 아는 사이인 단골집 주인 같은 느낌이 묻어난다. 치킨처럼 체인 브랜드가 많은 먹거리 장사의 성공키워드에 대해 A씨는 자신있게 손님에 대한 친절함이라고 말한다. 단 그녀는 친절서비스도 차별화되어야 한다는 것이 자신의 서비스 철학이란다.

"요즘은 백화점이나 대형패밀리레스토랑 같은 업장이 아닌 동네 작은 점포사업도 장사 잘되는 포인트가 고객서비스입니다. 길거리 포장마차에서 호떡 하나, 오뎅 하나를 사 먹어도 주인들이 '어서 오세요', '안녕히 가세요', '감사합니다' 라는 인사를 하죠. 같은 인사말이지만 고객을 감동시키는 친절서비스가 있어요. 바로 진정성입니다."

A씨는 고객을 무서워해야 한다고 강조한다. 미소를 짓는다고 그게 다 같은 미소가 아니라는 것이다. 인사도 마찬가지다. 고객들은 주인이나 직원들이 인사하며 미소 지으며 건네는 말과 행동에서 진심의 여부를 알아차린다는 것이다. 그저 손님이니까 기본 예의상 하는 가식적인 것인지 아니면 정말 반갑고 찾아와서 감사해 하는 마음에서 우러나온 진정한 서비스 마인드인지를 잘 알고 있다는 것이다. 때문에 진정성을 지닌 서비스가 중요하다는 것이다.

뒷골목 어느 식당을 들여다보자. 분주하게 일하는 종업원들은 손님과 눈을 마주치지도 않고 '어서 오세요' 라고 한 마디 내뱉거나 손님이 오든 말든 관심 없다는 듯이 자기 일을 하다가 손님이 주문을 하면 그제서야 '네' 하는 대답으로 인사를 끝낸다. 요즘은 접객업소들의 친절서비스가 많이 좋아졌다고는 하지만 값비싼 고급 식당이나 호텔 수준의 식당가 또는 유명 체인점이 아닌 일반 점포들의 경우 주인이나 종업원이 미소 지으면서 고객의 눈을 보고 반갑게 인사하는 곳은 흔치 않다. '오는 사람 막지 않고 가는 사람 잡지 않는다' 는 식의 삼류 연애스토리 멘트 같은 생각이 지배적인 것이다. 밥 한 그릇 덜 팔아도 먹고 사는데 지장이 없으니 웃는 얼굴로 허리 굽신거려 가면서 서비스 하는 것은 못하겠다는 것이다. 한 마디로 A씨의 말처럼 고객을 응대하는 언행에 진정성이 없는 것이다.

지금은 21세기다. 한국은 IT 분야에서 최첨단을 달리는 대표적인 나라

다. 이런 시기에 보수적인 성향이니 양반 스타일이니 하는 것을 운운하면서 서비스의 게으름 내지는 무 개념을 이해받으려고 한다면 어불성설이다. 한 마디로 말하면 전반적으로 요식업이나 유통업 등에서 한국의 서비스 정신이 인정을 받으려면 아직도 한참 멀었다는 얘기다. 불특정 다수의 고객을 대상으로 사업을 하는 업종들은 고객서비스가 상업의 성패를 가늠하는 핵심 요인이 되며, 이 중에서도 웃는 얼굴, 즉 '미소'는 빼놓을 수 없는 관건이 된다. 미소와 관련해서는 은행의 예를 들어보면 어떨까?

송금이나 예금이 아닌 통장재발급이나 체크카드 재발급과 같은 일 때문에 은행을 찾아가도 창구직원들은 하나같이 미소 띤 얼굴로 인사하면서 업무를 처리한다. 웃는 얼굴에 침을 못 뱉는 것은 당연한 일이거니와 상대가 미소를 지으면 저절로 무거웠거나 우울했던 마음도 한결 가벼워진다. 이뿐만이 아니다. 미소 지으면서 열심히 일하는 사람에게서는 신뢰감이 한결 더 강하게 느껴진다. 귀찮은 일인데도 웃는 얼굴로 신속하게 일을 처리하려는 직원의 모습을 지켜보면서 '저 사람이라면 이런 얘기를 불어봐도 좋을 것 같다'라는 믿음이 생겨난다. 그러다 보니 실제로 미소 짓는 밝고 상냥한 은행 창구 직원들 때문에 적금이나 금융상품에 가입하는 이들이 적지 않다.

지인 중 한 사람은 40여 년 전 은행 창구 여직원이었는데 당시 기업을 운영하고 있던 고객의 아들과 결혼을 하여 3남매를 잘 키워 아나운서, 교수, 회사임원 등으로 활동하고 있다. 그가 나중에 안 사실이지만 시아버지가 그를 며느리 감으로 찍어놓은 후 요모조모 살펴보다가 며느리로 삼았다고 한다. 특히 밝게 웃으면서 즐겁게 일하는 모습에 시아버지가 반했단다. 자식들이 하나같이 바르게 성장하여 남들이 부러워하는 직업을 갖고 성공했다는 말을 듣는 것도 어쩌면 엄마로서 그가 남다르게 맑은 정신과 밝은 미소로 키운 결과가 아닐까 싶다.

화장실은 안방처럼
깨끗해야 한다

● 창업 4단계_HOW 성공과 실패는 KNOWHOW에 달렸다 —

최근 10여 년 사이에 획기적인 변화를 거듭하는 생활공간이 있다. 화장실이다. 지하철, 휴게소, 공원, 공공건물 등의 화장실들이 '화장실문화' 라는 대의명분을 내세우면서 안방보다 청결하고 편안한 공간으로 진화하고 있다. 냄새가 나고 휴지가 널브러져 있고 벽면에 오물이 묻어 있거나 낙서로 가득한 이런 화장실은 이제 추방을 당하는 시대가 되고 있다. 화장실은 곧 선진문화의 척도이자 복지의 한 갈래로 인식된다.

기관이나 지자체별로 '아름다운 화장실'을 선정하여 상을 주고 화장실 개선을 위한 자원을 확대하는가 하면 어떤 지자체에서는 일반음식점 및 휴게음식점들을 대상으로 매월 30일을 화장실 대청소의 날로 지정해 화장실 이용 시 편리함과 쾌적함을 주어 잠시 머무르는 휴식공간으로 활용할 수 있도록 화장실 문화 선진화에 나서고도 있다. 이뿐만이 아니다. 공공건물이 아닐지라도 건축물의 특색에 맞는 아름다운 화장실, 즐거운 화장실 만들기 프로젝트를 추진하는 곳들이 부쩍 늘어났다. 이쯤 되면 편의와 청결은 기본이고 안락함을 서비스의 무기로 내세우는 대중업소들이 화장실에 관심을 가져야 할 이유는 굳이 되물을 필요가 없다.

지난 20여 년간 한 달이면 3, 4개 사의 기업 취재를 다닌 저자 역시 화장실에 대한 관심은 남다르다. 나름대로 '화장실에 가보면 그 회사의 분위기와 CEO의 마인드를 알게 되는 것은 물론이고 성장 가능성까지 예측하게 된다'는 말을 공공연하게 할 정도가 되었으니 나에게 있어서 화장실에 대한 평가는 며느리 살림솜씨를 꼼꼼하게 체크하는 무서운 시어머니 못지않은 게 사실이다. 그러니 입에 당기는 음식을 먹거나 휴식을 취하려고 들어간 업소의 화장실을 바라보는 시선 또한 지나칠 정도로 매서운 편이다.

아직도 내 기억 속에서 잊혀지지 않는 두 곳의 화장실이 있다. 이미 20여 년 전의 일이다. 일본의 백화점 화장실을 갔다가 놀라움을 금치 못했다. 청결은 기본이고 잔잔한 음악까지 흘러나오는데다 볼일을 본 후 버튼을 누르면 세척 물소리와 함께 새소리가 나오는 게 아닌가. 한마디로 푸른 숲 속에 있는 듯한 신선함과 여유가 느껴졌다. 당시로서는 그 화장실이 그야말로 도시 속의 갑갑함을 벗어난 자연 속의 문화공간이 아닐까 하는 착각까지 들 정도였다.

또 다른 기억속의 화장실 하나는 부산에 소재한 한 중소기업이었다. 10여 년 전이었다. 복리후생을 기본 조건으로 내세우는 대기업도 화장실에 대한 투자는 인색하던 그 시절 L사는 '특급호텔 화장실보다 더 럭셔리한 화장실을 갖춘 회사'라는 평이 자자했다. 회사 탐방 취재차 직접 찾아가 들어가 본 화장실은 소문 그대로였다. 벽은 대리석으로 인테리어 되어 얼굴이 훤히 비칠 정도였고 조명이 밝았다. 벽에는 그림 액자가 걸려 있고, 잡지 및 신문 거치대가 있었다. 또 문 안쪽에는 짧은 명상 시간을 가질 수 있도록 좋은 글귀를 매일같이 갈아 끼워 주었다. 이 때문인지 나는 잘될 나무는 떡

잎부터 알아본다는 말처럼 성장가능성이 높거나 잘나가는 회사는 화장실부터 다르다는 고정관념을 갖게 되었다.

대중업소 화장실의 청결성과 공간이미지는 그 업소의 여러 가지 사실을 읽게 한다. 그림액자가 걸려 있고 음악이 흐르는데다 세면대와 거울은 물론이고 앉아서 화장을 고치는 파우더테이블까지 있다고 치자. 100점 만점에 가까운 화장실이다. 이런 화장실이라면 업소의 위생 청결도, 고객의 입장을 배려하는 주인의 마인드, 종업원들의 부지런함은 물론이고 '섬세하고 아름다운 공간문화가 있는 집'이라는 이미지가 고객들의 머릿속에 각인될 것이다. 공간도 사람이나 마찬가지로 어느 한 가지 좋은 이미지를 갖게 되면 설령 다른 부분에 다소 부족함이 있더라도 묻어가듯이 우연히 들른 식당의 화장실에서 느낀 좋은 감정과 이미지는 그 업소의 음식 맛이나 종업원들의 친절서비스까지 호감으로 이어져 한 단계 높은 평가를 하게 된다.

그렇다면 이와는 반대의 경험을 할 수도 있다. 음식이 맛있다고 소문이 나서 찾아간 식당인데 변기에는 누런 때가 끼어 있고 문짝은 당장이라도 떨어질듯 흔들거리며 어긋나 있고 여기에 세면대 물은 나오지도 않는다면 기분이 어떨까? '여러 사람이 이용하는 화장실이 다 그렇지 뭐'라며 관대함을 베푸는 아주 특별한 사람이 아니라면 대부분의 사람들은 분명히 불쾌함을 느꼈을 것이다. 위생 청결에 민감한 사람이라면 그 식당 음식이 아무리 특별하더라도 다시는 찾아가지 않을 게 뻔한다.

창업을 준비하는 입장이라면 화장실에 대한 밑그림도 미리 그려 보는 게 어떨까. 분사향의 향기가 탈취 역할을 하는 수준의 화장실이 아니라 고객의 마음을 사로잡는 청결 플러스 휴식공간이나 아이디어 창출까지 가능한 창의적인 공간으로 만들어 보겠다는 의욕을 가져보는 것도 차별화된 성공

전략의 하나가 아닐까 싶다. 고객이 방문하여 서비스를 받는 대중업소라면 두말할 나위도 없으며 외부인 방문이 뜸한 사업장일지라도 사장 자신은 물론이고 직원들을 배려하는 마음에서라도 화장실에 힐링과 예술을 입히는 구성을 해보는 것은 가치 있는 일이 될 것이다.

화장실 관리는 이렇게

POINT1 매일마다 점검해야 할 체크리스트를 만들어라

세면대 청결, 변기의 청결 및 덮개 사용, 거울 상태, 비누, 휴지 비치 여부 등을
체크할 수 있는 작은 보드판을 만들어 종업원들이 하루 몇번 또는 시간대별로
점검할 수 있도록 하자. 사용 고객이 많은 업소라면 매우 중요하다.

POINT2 자투리 공간을 최대한 활용해라

공간은 활용하기 나름이다. 손바닥만한 자투리 공간이라도 있다면 이를 적극
활용해 보자. 햇빛을 보지 않아도 잘 자라는 식물(화분)을 놓아두는 것은 아주
좋은 방법이다. 화장실 크기가 작아서 좌변기와 소변기가 동시에 오픈되어 있
는 화장실이라면 좌변기와 소변기 사이에 옆으로 퍼지지 않고 위로 자라는 식
물을 놓아두면 자연스럽게 경계벽 역할을 한다.

POINT3 받침대를 만들어라

벽면 한쪽 중간 부분에 가방이나 쇼핑백 같은 것들을 놓을 수 있는 받침대가 있
으면 매우 실용적이다. 공간이 좁아 아주 작게 만들어야 한다 해도 상관없다. 미
니 화분이나 액자 같은 소품을 놓아두면 된다.

POINT4 귀를 즐겁게 해라

쉬지 않고 잔잔한 음악이 흘러나오는 화장실은 마음의 평온을 안겨준다. 여기
에 변기 물을 내리는 버튼을 눌렀을 때 새찬 물소리 대신 새소리나 신선한 음향
효과가 접목된다면 더욱 좋을 것이다.

진짜 매운맛을
보여줘라

서울 도심 한가운데나 다름없는 종로의 뒷골목에 자리한 포장마차 '호남선'. 겉으로 보면 여느 포장마차나 다를 게 없다. 각종 안주들이 놓여진 냉장 쇼케이스를 달고 있는 포장마차 본체와 4인용 테이블 3개. 하지만 이 노점의 경우 이 지역에서는 10여 년째 소문난 '닭발포차'로 인기가도를 달리고 있다. 저녁 9시가 넘으면 자리가 없을 정도로 늘 사람들로 북적인다. 10여 종이 넘는 다양한 안주가 있지만 이 노점의 대표 안주는 '닭발'. 입으로 가져가는 순간 이마에 땀이 날 정도로 매콤하다. 하지만 이 집을 찾는 고객들은 '맵다' '너무 맵다'를 외치면서도 자신도 모르게 닭발 마니아가 되어 버린다. 삶은 닭발을 양념으로 버무린 다음 불 위에 바비큐 식으로 구워 나오는 이 노점의 '닭발'은 이미 오래 전부터 많은 이들에게 소문이 나 있다. 유명세가 입소문을 타고 번지면서 멀리 서울 외곽에 사는 사람들까지 술이 아닌 닭발 맛을 보기 위해 찾아오는가 하면 포장해서 가져가는 이들도 적지 않다.

3년 전 문을 연 서울 부도심 상권의 음식점 C는 30, 40대 직장인들이 주 고객이다. 이 음식점을 찾는 단골들은 어림잡아 200여 명이 넘으며, 이 중 마니아들은 일주일에 두세 번씩 찾아올 정도로 손님들의 발길로 북적이는 편이다. '쭈꾸미낙지' 전문점인 이곳은 저녁시간대에는 안주삼아 먹고 난 후 밥까지 비벼먹는 철판볶음과 찜 메뉴가 인기 좋다. 언뜻 보기에는 여느 철판요리점들과 크게 다를 게 없다. 20여 평의 매장과 평범한 인테리어가 전부다. 그런데도 불구하고 4계절 내내 단골들을 불러오는 이 집의 숨은 노하우는 한 가지. 다름 아닌 매운맛이다. 모든 음식은 입 안에 들어가면 매운 것을 여간 좋아하지 않고서는 냉수 한잔 그냥 마시지 않을 수 없을 만큼 지독하게 맵다. 하지만 고객들은 입을 호호 불면서도 젓가락은 어느새 음식 위로 가 있다. 매운맛으로 고객들의 입맛을 꽉 잡게 된 비결은 이 집만의 특별한 고춧가루 양념이다.

요즘 점포창업가에는 새로운 아이템보다는 기존의 아이템을 시대 흐름에 맞게 변형시키거나 퓨전화시킨 형태의 점포창업이 주를 이룬다. 매운맛 음식점들의 등장도 이 같은 트렌드의 한 갈래다. 메뉴와 운영방식은 기존의 아이템들을 추구하되 맛에 있어서 매운맛을 특히 강조한 메뉴들로 고객들의 발길을 불러들이고 있는 것이다. 스트레스도 날려주고 기분전환까지 시켜준다는 매운맛 음식창업! 그 속으로 들어가보자.

외식창업 시장에서 대박 행진을 이어가고 있는 매장들을 살펴보면 유난히 매운 메뉴를 전문으로 하는 곳이 많다. 매운맛을 좋아하는 우리나라 사람들의 음식기호가 그 바탕에 깔려 있긴 하지만 매운맛이 지닌 중독성은 그 결정적인 이유가 된다. 매운맛은 아무리 매워도 그 각별한 맛에 만족하면 다시 찾아오기 때문이다. 따라서 10여 년 전만 해도 대중음식점들의 음식은 여러 사람의 입맛을 맞추기 위해 적당히 맵고 칼칼한 맛을 중시했으나 이제는 다르다. 오죽하면 음식점 창업 시 '맵지 않으면 성공하지 못한다'는 말이 나올 만큼 떡볶이, 낙지볶음, 아귀찜, 찜닭, 쭈꾸미요리 등은 물론이고 본래 맵지 않은 음식이었던 카레, 치킨, 족발, 탕수육, 오뎅, 김밥 등도 매운맛을 향한 행진을 지속하고 있다.

한국인들이 좋아하는 매운맛의 원재료는 고춧가루와 고추장. 고추에는 매운맛을 내는 캡사이신 성분이 있어 고추나 고춧가루를 사용한 요리를 먹으면 몸이 뜨거워진다. 이 물질은 혈관을 확장시켜 혈행을 원활하게 하고 위를 자극하여 소화액 분비를 촉진하는 작용을 하는가하면 체지방을 연소시켜 에너지대사를 촉진시키는 작용을 한다.

매운맛 음식은 남성보다 여성, 중장년층보다는 젊은층이 주도한다. 술안주로 나오는 매운맛 음식의 경우 30, 40대 남성 마니아들도 많은 편이지만 음식 메뉴에서는 단연코 20, 30대 여성 고객들이 유독 매운맛을 즐긴다. 매운 음식을 먹으면 엔도르핀 수치가 증가해 기분이 좋아지고 스트레스 해소에도 도움이 된다는 게 매운맛을 즐기는 여성들의 공통된 견해다.

하지만 음식의 매운맛이 순전히 고춧가루나 고추장의 효과라고만 보면 그건 착각이다. 적지 않은 음식점들이 시중에서 판매하는 강한 매운맛을 내는 소스들을 사용하는 편이다. 국내산 고추장이나 고춧가루만으로 매운맛을 내기에는 그에 따른 양념비용이 만만찮기 때문이다. 매운맛 음식은 불황일수록 오히려 더 인기가 좋아진다는 말도 있다. 하지만 최근의 음식 사업에서 매운맛이 주도하는 호황은 경기와는 무관한 하나의 트렌드다. 좀처럼 그 인기가 식을 줄 모르는 매운맛 음식 전문점들. 그렇다면 그냥 맵기만 하다고 해서 고객들의 입맛을 사로잡을 수 있을까? 그것은 결코 아니다. 매운맛의 중독성이 고객을 불러오는 것은 사실이지만 단순히 매운 소스만으로는 안 된다.

마포에서 5년간 일본식 매운 카레전문점인 '본카레'를 운영했던 지인은 맵기만 하다고 고객들이 다시 찾아오는 것은 아니라고 전한다. 특히 길거리 음식이 아닌 전문점들의 경우 무엇보다도 메뉴 특성에 맞는 차별화된 깊은 맛과 고객만족 서비스가 우선되어야 한다고 말한다. 올해로 8년째 아귀찜 전문점을 운영하는 또 다른 지인도 음식은 신선한 재료와 다양한 양념이 풍부하게 들어가야 한다고 강조한다. 매운 맛은 그 위에 덧붙여지는 하나의 감초 역할일 뿐 본래 해당 음식이 갖고 있는 정통적인 맛을 유지하면서도 매운맛이 곁들여져 잘 조화될 때 고객들의 입맛을 사로잡을 수 있다는 것이다.

매운맛 음식 성공 노하우

POINT1
각 메뉴의 본래 맛을 잃지 말아야 한다. 매운맛만 강하고 음식 자체가 지닌 깊은 맛이 나지 않으면 고객들의 발길을 잡을 수가 없다.

POINT2
30, 40대 고객들이 찾는 전문음식점이라면 비용이 들더라도 고춧가루나 고추장을 최대한 활용하여 매운맛을 내야 한다. 전문음식점을 찾는 고객들은 젊은층이 추구하는 매운맛과는 또 다른 한국적인 깊은 매운맛을 좋아하기 때문이다.

POINT3
고객의 성향에 맞춰 매운맛의 정도를 조절해 주어야 한다. 매운맛 음식을 좋아한다 할지라도 사람마다 그 강도의 차이가 있다.

POINT4
단골 관리가 중요하다. 매운맛 음식점들은 여느 점포들에 비해 마니아들이 즐겨찾기 때문에 고객 관리는 필수다. 매콤한 맛에 서비스와 넉넉한 인심을 잘 버무리는 점주의 테크닉이 필요하다.

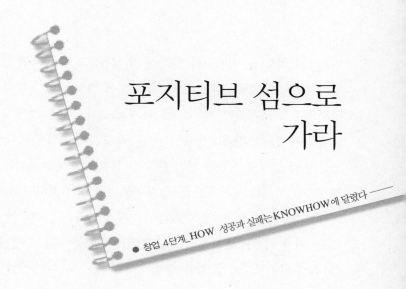

포지티브 섬으로 가라

● 창업 4단계_HOW 성공과 실패는 KNOWHOW에 달렸다 ──

최근 들어 동종업계 경쟁기업간 또는 대기업과 중소기업간 '제로섬(Zero-Sum)'이 아닌 '포지티브섬(Positive-Sum)'으로 가야 한다는 것이 경제 분야의 화두가 되고 있다. 상대를 무너뜨려야만 내가 살 수 있다는 '너 죽고 나 살자' 식이 아닌 서로의 장점을 인정해 주고 협력하는 관계 유지를 바탕으로 함께 잘되는 상생의 길을 걸어가야 한다는 것이다.

케이에프시(KFC)와 맥도날드(MCDONALDS), 펩시콜라(PEPSI-COLA)와 코카콜라(COCA-COLA)를 보라. 패스트푸드와 음료 시장의 글로벌 브랜드인 이들은 세계시장으로 꾸준히 세력을 확장시키면서도 서로를 쓰러뜨리고 혼자만 살아남으려는 전략보다는 각자의 장점과 특징을 살리면서 공존 공생해 온 대표적인 기업들이다. 이들은 결국 함께 승리한 것이다.

간혹 내수시장에서는 동종의 신제품을 놓고 피 터지는 시장경쟁, 즉 '출혈경쟁'을 일삼는 업체들이 나타나곤 한다. 만 원 하는 제품을 A가 10% 할인하면 B는 20% 할인한다. 그러면 다시 A는 25%를 하고, B는 30%를 하면서 공멸의 길을 가게 된다. 결국엔 원가도 못 건지는 가격 경쟁으로 둘 다 무너지고 만다. 둘 다 양보 없이 '이에는 이'라는 식의 무모한 맞대결로 파국의 상황을 초래하는 치킨게임(chicken game)과도 같은 것이다.

점포 사업도 마찬가지다. 동일 상권 내 같은 업종의 점포가 맞은 편 또는 인근에 있을 경우 자신만 살기 위해 상대 점포에 대해 비난을 하거나 가격 경쟁으로 이기려는 무모한 일을 자행하는 이들이 있다. 이런 상처를 쌍방이 감당할 수 없다면 서로 협력하여 시장을 공유하는 것이 바람직하다. **경쟁은 전쟁이 아니며 공동으로 번영하는 것이다. 건전한 경제활동은 놀음판과 달리 경쟁을 통해 더 많은 사회적 부를 창조한다.** 상대방의 전멸이 곧 자신의 생존이라는 것을 전제로 하는 것이 아니라 업종의 번영과 발달에 달려 있다. 흔히 '○○○ 거리'라고 부르는 유명한 먹자골목들을 보면 답은 쉽게 나온다. '원조'로 불리는 터줏대감격의 점포에 사람들의 발길이 많아지면 많아질수록 옆에 있는 신생 점포들의 사업은 덩달아 잘되기 마련이다. 같은 음식을 주메뉴로 취급하는 점포들이 하나둘씩 늘어나면 이는 망하는 지름길이 아니라 오히려 하나의 상권이 형성되어 광고 홍보를 하지 않더라도 자연스럽게 입소문으로 소문이 나고 메뉴는 같지만 음식에 각자의 맛과 개성을 입히면 치열한 경쟁보다는 함께 성장하면서 번성한 시장을 만들어가는 것이다.

세상 모든 것은 상생의 원칙에 의해 유지되며 발전한다. 상대를 위하고, 상대를 존중하고, 상대를 돕는 일은 결국 나 자신을 돕는 일이나 마찬가지인 것이다. 기업이나 사람이나 매한가지다. 성공의 화두는 '투게더(Together)'다.

경제 전문용어 설명

POINT 1 제로섬(zero-sum)
한쪽의 이득과 다른 쪽의 손실을 더하면 제로가 되는 것을 일컫는 말로, 자신이 얻는 만큼 상대가 잃고, 상대가 얻는 만큼 내가 잃는 승자독식의 게임을 뜻한다. 이를 테면 '너 죽고 나 살자'는 식이다. 대표적인 제로섬게임으로는 포커나 경마 등 도박을 들 수 있으며, 선물거래나 옵션거래 등도 제로섬게임에 해당된다.

POINT 2 포지티브섬(positive-sum)
개인 또는 조직을 둘러싼 이해관계자들과의 협력을 통한 상생전략으로 시장의 가치를 증대시켜 구성원들이 서로 이득을 볼 수 있다는 장점이 있다. 이를 테면 동종의 업체들이 건전한 경쟁을 하되 함께 서로 윈─윈(win win)을 추구하는 상생을 의미한다. 상대를 죽이고 내가 이겨 가치의 총합을 줄이는 제로섬 전략과는 반대되는 개념이다.

POINT 3 치킨게임(chicken game)
어느 한쪽이 양보하지 않을 경우 결말은 양자가 파국으로 치닫게 된다는 게임이론이다. 1950년대 미국 젊은이들 사이에서 유행하던 자동차 게임의 이름으로, 한밤중에 도로의 양쪽에서 두 명의 경쟁자가 자신의 차를 몰고 정면으로 돌진하다가 충돌 직전에 핸들을 꺾는 사람이 지는 경기다. 어느 한 쪽도 핸들을 꺾지 않을 경우 게임에서는 둘 다 승자가 되지만, 결국 양쪽 모두 자멸하는 셈이다. 한때 미국과 소련 사이의 극심한 군비경쟁을 꼬집는 국제정치학 용어로 불렸지만 요즘은 경제 분야를 비롯한 여러 극단적인 경쟁으로 치닫는 상황을 가리킬 때 사용한다.

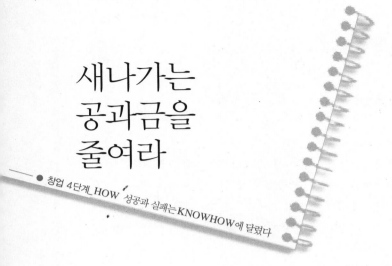

새나가는
공과금을
줄여라

'앞으로 남고 뒤로 밑진다'는 말이 있다. 매출만 보면 돈이 좀 벌리는 것 같은데 월말 결산을 해보면 오히려 들어온 돈보다 나갈 돈이 더 많은 것이다. 이런 경우 아무리 매출이 높아도 '빛 좋은 개살구', '속 빈 강정'이라는 말이 저절로 나온다. 남 보기에는 장사 잘되는 점포인 것 같은데 주인 입장에서는 직원들 월급 주고 재료비, 월세, 세금 등의 지출을 제하고 나면 남는 게 없는 것이다. 한숨이 저절로 새어나오고 어깨가 축 처지는 일이다. 무엇이 문제일까?

직장인들의 경우 얼마나 버느냐가 중요한 게 아니라 수입을 어떻게 관리하느냐에 따라서 같은 금액의 월급을 받아도 저축을 하는 이가 있는가 하면 오히려 신용카드 결재금액도 모자랄 만큼 마이너스인 이들이 적지 않다. 지출이 많은 것이다. 점포 사업도 마찬가지다. 나름대로 열심히 장사를 해서 매출을 늘렸다고 생각했는데 오히려 수입보다 지출이 많은 경우는 분명 운영 과정에서 누수 현상이 발생한 것이다. 13년째 식당을 운영하고 있다는 B씨의 얘기를 들어보자.

"장사란 잘될 때도 있고 안 될 때도 있다. 특히 먹거리 장사는 경기 흐름이나 사회 분위기에 따라서 희비가 엇갈리는 경우도 많다. 예를 들어 우리 식당은 일본 지진 이후 오염문제로 해산물을 안 먹는 분위기가 만연되자 한동안 매출이 떨어지는 일도 있었다. 운영상의 문제점이 아닌 영업 환경으로 인한 매출의 변화는 어쩔 수 없다고 치자. 하지만 지출, 즉 비용 절감은 어떻게 하느냐에 따라서 점포마다 제각각이라고 본다. 음식 장사도 종류가 다양하지만 고정 비용 지출을 크게 나눠보면 인건비, 재료비, 월세, 세금, 공과금 등이다. 이 중에서 **절약과 운영 테크닉을 발휘하면 분명 절감할 수 있는 비용이 있다. 공과금 한 가지만으로도 크게는 수십만 원을 절약할 수도 있다. 사업장 운영에서 비용 절감은 매우 중요한 부분이다.**"

B씨는 냉난방기기 사용이 좌우하는 전기요금, 주방에서 열기구를 사용하는 과정에서 발생하는 가스요금, 그리고 수도요금 등은 비용절감을 위한 테크닉과 노력에 따라서 점포마다 큰 차이가 날 수 있다면서 이 부분에서의 비용 절감을 강조한다. 누군가는 '전기세, 물세, 그게 얼마나 되길래 쪼잔하게 그런 걸 아끼냐'고 뭔가 모르는 소리를 하기도 하지만 공과금들이 지출 비용에서 차지하는 비용은 결코 적지 않다고 한다. B씨가 운영하는 식당의 경우 공과금으로 지출되는 비용은 월 평균 100만 원 선이다. 전기, 가스, 수도 등의 지출비에 대해 큰 관심을 두지 않고 줄이려는 절약을 위한 노력을 기울이지 않는다면 월평균 140만 원은 족히 나올 수도 있다고 한다. 같은 업종, 같은 크기의 점포로 매출 규모까지 비슷할지라도 점주가 이 부분에 대해 얼마나 신경을 쓰느냐에 따라서 무려 40%의 비용 차이가 날 수 있다는 것이다.

단 B씨는 운영 비용 절감 노력은 필요하지만 절대 줄여서는 안 되는 것이 있다고 한다. 그것은 다름 아닌 식자재 구입 비용이다. 매출이 줄어들었다고 해서 순수익이 크지 않다고 해서 식자재 비용을 줄이면 그것은 결국 망하는 지름길이 된다는 것이다.

종종 제조기업이 순이익 증대를 위해 원가 절감의 일환으로 기존의 원자재보다 질은 좀 떨어지지만 값싼 것을 구입하여 제품을 제조한 결과 그것이 부실 공사나 품질 불량의 원인으로 나타나곤 한다. 음식장사의 성패 여부에 일등공신 역할을 하는 맛을 결정짓는 식자재도 마찬가지다. 식자재의 신선도나 품질은 맛과 직결되므로 값싼 재료를 사용할 경우 고객이 먼저 안다는 것이다.

고정지출 비용 중 인건비, 월세, 원재료구입비 등은 특별한 대안이 뒤따르지 않는 한 줄이고 싶다고 해서 쉽게 줄여지는 것이 아니다. B씨의 말처럼 하지만 매월 지출되는 공과금은 사용한 만큼 지출되는 것이므로 얼마나 절약하느냐에 따라서 소리없이 새어 나가는 비용은 줄어든다.

공과금 못지않게 부가가치세 신고도 개인사업자들에게는 큰 부담이 된다. 소위 허위 세금계산서를 만들어 부가세를 적당히 대충 넘어가던 식의 일이 이제는 통하지 않는다. 예전과는 달리 POS시스템(point of sales system : 판매시점 정보관리 시스템)이 보편화되고 2, 3천 원짜리 소액결재까지 신용카드 사용이 일반화된 현 시점에서는 빼도 박도 못하는 게 부가가치세 신고다. 당연히 낼 세금이지만 자영업의 경우 사업자 입장에서는 1년에 두 번 목돈을 내야 하는 일이기에 여간 부담이 큰 일이 아니다. 그나마 그 부담을 덜어주는 것이 평소 꼬박꼬박 모아둔 세금계산서다. 매입금액에 대해서는 부가세가 제외되기 때문이다.

공과금을 절감하는 테크닉

POINT 1 세무 신고는 미리미리 준비해라

창업해서 장사 잘된다고 신이 나 있던 지인이 부가세가 800만 원 나오자 황당해 하는 것을 본 적이 있다. 창업하여 하루하루 장사하면서 자리매김하기 바쁘다 보니 부가세는 전혀 신경을 쓰지 못한 결과다. 커피점, 치킨점, 호프집 식당 등 점포사업을 하는 개인사업자들의 경우 1년에 두 차례 부가세 신고와 한 번의 소득세 신고를 해야 한다. 중요한 것은 부가세다. 매출금액에서 매입금액을 제외한 총 금액의 10%가 부가가치세액이다. 따라서 영수증 확보가 매우 중요하다. 음료는 음료회사에서 세금계산서를 받고, 가스와 전기는 각각 회사에 전화해서 사업자등록번호로 세금계산서 발행을 요청해야 한다. 세금계산서가 아닌 일반 음료 영수증의 경우 부가세 공제는 안 되지만 소득세 신고 때 경비로 사용할 수 있다. 소득세법상 필요경비에 대해 소득공제를 받으려면 각종 영수증이 다 있어야 한다. 사업자등록증 발급시 기록된 핸드폰번호로 지출되는 통신비용 영수증도 이에 해당된다. 또한 치킨집의 경우 시장이나 마트에서 생닭을 살 때나 야채를 구입할 때 반드시 닭계산서나 카드영수증, 현금영수증을 받아놓아야 부가세 신고 때 의제매입세액공제를 받아서 세금을 줄일 수 있다. 부가세 신고 때 혜택을 본 내역은 전부 소득세 때도 비용처리가 되므로 꼼꼼하게 영수증을 챙기는 습관을 길들여야 한다.

POINT 2 순간온수기 사용은 가스비의 주범이다

순간온수기는 주방의 가스 비용에 결정적인 역할을 한다. 때문에 순간온수기의 온도를 가급적이면 낮추어서 사용하는 지혜가 필요하다. 특히 여름철의 경우에는 온도를 많이 낮추어도 문제가 되지 않으므로 조절해서 사용하면 효과적이다.

POINT3 세재는 최소량만 사용해라

세재 사용이 무슨 큰 낭비냐고 말하는 이도 있겠지만 결코 그렇지 않다. 식당 같은 경우 세재 비용도 적은 돈이 아니다. 특히 주방일 초보자들은 세재를 적정량만 사용하는 것에 익숙하지 못하다. 세재를 과다하게 사용할 경우 이는 세재 낭비도 되지만 물 사용을 가중시키는 또 다른 문제를 낳는다. 2중으로 지출이 커지는 셈이다. 종업원들에게 철저하게 교육을 시키는 것이 좋다.

POINT4 냉난방비를 줄여라

피크타임이 아닌 시간대에는 냉난방의 온도를 적절히 조절한다. 예를 들어 전기세 주범인 에어컨의 경우 손님이 없거나 한가한 시간대에는 송풍 기능으로 전환시키거나 선풍기를 활용하는 것이 큰 절약이 된다. 특히 하절기가 길어지면서 냉방 비용의 주범인 에어컨의 활용도가 더욱 중요해졌다. 40~50평형의 대중음식점이라면 월 전기세 60~70만 원은 보통일 만큼 지출이 큰 편이다. 단돈 십만 원만 줄여도 큰 도움이 된다.

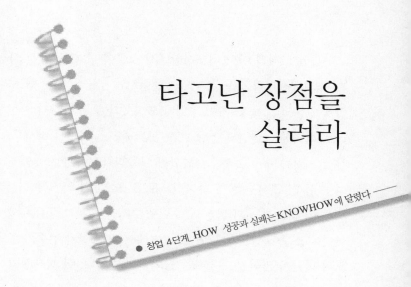

타고난 장점을
살려라

"정육점집 빨간 두건 쓴 아저씨, 사람 참 좋더라. 남자가 둘이던데 직원인가? 늘 웃는 얼굴이잖아."

"그 사람이 사장이야. 트로트 음악 틀어놓고 따라 부르는 사람 말이지? 노래 잘하던데. 처음에는 너무 튀는 아저씨 같아서 웃음만 나왔는데 보면 볼수록 사람을 즐겁게 해주더라. 정이 또 얼마나 많은지 몰라. 늘 정량 외에 꼭 조금씩 더 주잖아. 들리는 소문으로는 가끔씩 경로당 어르신들 점심식사에 쓰라고 고기도 갖다준다잖아."

"그렇구나. 어쩐지 그 집 문 연 지 1년도 안 됐는데 시장 입구에 있는 정육점보다 장사가 잘되는 것 같더라. 다 이유가 있었네."

"당연하지. 이왕이면 다홍치마라고. 고기 한 점이라도 더 주고 친절하게 대해 주는데 그 집으로 가기 마련이지. 고기 사러 가는 사람들이 대부분 주부들이니까 입소문이 나서 어떤 날은 손님들이 줄을 서더라."

수도권 도시의 어느 재래시장에서 소문이 난 한 정육점 사장에 대한 얘기다. 재래시장의 경우 시장으로 들어서는 입구에 있는 점포와 시장 끝 지점에 있는 점포는 큰 차이가 있다. B점포의 경우 사장이 친절하고 밝은 얼굴로 머리에는 빨간 두건을 쓰고 콧노래를 즐기면서 장사를 하는 것이다. 시장을 찾는 주부고객들은 깐깐한 알뜰파들이어서 저울의 눈금보다 고기 한두 점 더 얹어주는 것 하나만으로도 호불호가 극명하게 갈라진다. 여기에 눈에 띄는 패션과 밝은 모습으로 고객을 대하고 동네에서 착한 일까지 한다는 소문이 났을 정도면 여러 면에서 고객 평가 점수가 좋을 수밖에 없으니 단골이 많아지고 장사는 잘되기 마련이다. 이 정육점의 경우 기존의 경쟁 점포들보다 뒤늦게 생긴데다 입지 또한 좋지 않은 핸디캡이 있음에도 불구하고 기존 점포들과의 경쟁에서 승자가 된 셈이다.

기업이든 자영업이든 사업을 이끌어가는 리더는 사장이고 대외적인 얼굴마담이다. 기업체 사장이 여직원을 성추행하여 고발을 당하고 법원에 출석하는 등 매스컴에 불명예스럽게 오르내리면 사장에 대한 직원들의 신뢰가 깨지면서 조직력이 흔들리는 것은 물론이고 많은 소비자들이 그 회사의 제품을 구입하길 꺼려할 것이다. 기업체 사장의 대외적인 이미지가 나쁘게 드러나면 그만큼 기업의 이미지와 신뢰에는 금이 가기 마련이다.

자영업도 마찬가지다. 사장의 이미지는 사업의 성패를 좌우한다. 특히 지역상권인 동네 장사라면 그 정도는 더 심하다. '발 없는 말이 천리 간다'는 말처럼 입소문은 놀라울 만큼 빠르게 번져나가기 때문에 심한 경우에는 사소한 사건 하나로 인해 문을 닫는 일까지 벌어진다. 사장의 성격이나 본성에서 비롯되는 대외적인 표현이나 행동은 비즈니스에서 매우 중요한 몫을 차지한다.

일반적으로 사람들은 사장이라면 믿음을 갖게 된다. 나름대로 소신이 확고하며 부지런하고 진지한 사람이라고 여긴다. 실제로도 그렇게 행동하는 인물을 선호한다. 하지만 사람마다 사장이 되기 전까지 서로 다른 환경에서 자신의 성향을 지니고 제각각 살아왔다. 상품 찍어내듯 정형화된 사장을 만들어낼 수는 없는 일이다. 다시 말해 사장들은 저마다 성격도 행동이나 제스처도 제각각이다. 때문에 유명한 CEO들은 저마다 자기 스타일이 있다. 개성도 강하고 사업을 추진하는 스타일도 남다르다. 단 성공이라는 목표를 달성했다는 것은 똑같다. 그렇다면 그들은 성공을 위해 어떤 모습으로, 어떻게 일했을까?

미국 실리콘 밸리에서 한국여성의 신화창조를 만든 김태연 회장은 작은 키의 고졸학력자다. 그녀는 늘 패션 감각이 돋보이는 옷을 입고 무엇이든 '할 수 있다'는 'Can do' 정신을 강하게 드러냈다.

모든 사장들은 저마다 갖고 살아온 성격과 스타일이 있다. 그것을 정형화된 모델처럼 바꾸기란 쉽지 않다. 장기간에 걸쳐 형성된 인간의 성격과 습관은 하루아침에 바뀌지 않는다. 아니 굳이 바꿀 필요까지는 없다. 자신이 가진 성격이나 스타일을 사업하는데 유리한 무기로 잘 활용하면 그만이다.

이를 테면 내성적이긴 하지만 매사에 진지하고 차분한 성격이라면 그 진지함과 차분함을 성실과 정직으로 표출시키면 된다. 직원이든 거래처 관계자로부터 '신뢰가 두터운 사장'이라는 말을 들을 것이다. 매사에 적극적이고 급한 성격이라면 늘 밝은 미소와 활기찬 모습으로 사업을 진행하면 '언제 보아도 열정적이고 긍정적인 사람'이라는 소리를 들을 것이다.

누구든 자신이 타고난 성격과 기질을 갖고 있으며 그것을 긍정적인 요소로 잘 활용할 때 사업적 성과는 더욱 높게 나타날 것이다. 다만 자신이 지닌 성격과 기질이 너무 괴팍하거나 모나서 직원들이나 사업파트너들에게 마음의 상처를 주는 일은 절대 없어야 한다.

연애하듯이
사업해라

● 창업 4단계_HOW 성공과 실패는 KNOWHOW에 달렸다

흔히들 '나이는 숫자에 불과하다'고 말한다.

늘 꿈을 갖고 적극적으로 살아가는 이들에게는 아주 잘 어울리는 말이다. 열정 앞에서 나이란 의미가 없다. 체력이 따라주고 정신적 의지가 강하면 도전하지 못할 것이 없다. 70대 노인이 5종 경기에 도전하여 젊은이들 못지않은 성적을 내고, 50대에 대학에 입학하여 수석으로 졸업하는 이들을 보면 더더욱 그렇다. 이들에게 가장 중요한 역할을 한 것은 열정이다.

'열정' 하면 가장 먼저 떠오르는 것은 '연애', '사랑' 이런 단어들이다. 과학자들의 말에 의하면, 한번의 격정적 키스는 심장박동을 매분 60~80번에서 100여 번으로 늘려준다고 한다. 한번의 찐한 키스는 3칼로리를 소모하는데 이는 25그램의 초콜릿에 해당된다. 만약 한 달에 1,000번 키스하면 체중은 5킬로그램 감량된다고 한다. 더 재미있는 얘기로는 매일 아침 출근할 때마다 배우자와 입 맞추고 나선 사람은 독신자에 비해 사업에서 성공할 가능성이 더 높으며 건강도 더욱 좋아진다고 한다. 가정에서 시작된 열정적인 사랑이 사업에까지 전염되어 사업은 더욱 번창해질 수밖에 없다. 결코 재미거리로 떠도는 말은 아니다. 나이에 상관없이 연애하는 감정으로 열정을 쏟아 사업을 하면 성공한다는 얘기다.

적지 않은 사람들이 나이 40 중반만 넘으면 창업을 두려워한다. 과거에는 불혹(不惑)의 나이, 즉 40이면 미혹에 흔들리지 말아야 하며 안정된 기반을 잡고 중심을 지키며 살아가야 한다고 했다. 하지만 현실은 그렇지 못하다. 남자의 경우 27세가 되어야 대학을 졸업하고 사회생활을 시작하는 오늘의 환경에는 정통한 말이 아니다. 40대 중반에 탄탄한 중소기업 사장의 위치에 올라선다면 그것은 남보다 빠르게 성공을 거머쥔 케이스로 통한다. 창업을 하여 사장이 되는 것은 50대에도 얼마든지 가능한 일이다. 문제는 대다수의 사람들이 사장이 되고 싶은 마음은 굴뚝같지만 막상 창업 앞에서는 갈등과 고민에 빠진다. 어찌 보면 자신감이 없어 도전을 못하는 것이라고 볼 수도 있다.

어느 60대 부부가 TV 방송에 나와 "우리는 아직도 연애하는 감정으로 살아요. 그래서 젊게 산다는 얘기를 많이 들어요."라고 말하거나 성공한 벤처 사업가가 "주위사람들은 말렸지만 나는 50대 중반에 이 사업을 시작했습니다. 결과는 성공적이지 않습니까."라고 말하면 욕심은 "그래 나도 할 수 있다."라는 쪽으로 기울어진다. 하지만 그것도 잠시일 뿐 다시 나이를 탓한다. 40대 중반을 넘은 나이에 자칫 잘못하면 있는 재산 다 날려버릴 것 같아 감히 엄두를 내지 못하는 것이다.

실패를 두려워하는 이에게는 성공이 다가오지 않는다. 창업한다고 해서 반드시 성공한다는 법도 없지만 그렇다고 실패한다는 법도 없다. 때로는 노력이나 열정을 쏟은 것에 비해 결과는 매우 초라하게 나타나기도 한다. 그렇다고 실망하거나 좌절할 필요는 없다. 최선을 다하는 사람에게는 설령

100%의 목적이 이루어지지 않을지라도 뜻한 바의 70%는 이루어지기 마련이다. 천재지변이나 우연에 의해 실패로 남는 30%의 확률을 두려워 할 필요는 없다.

연애 할 때를 생각해 보라. 사랑하는 이를 보고 있으면 시간 가는 줄 모른다. 사랑의 감정을 뿜어내면 배가 고프고 피곤한 것쯤은 한순간에 사라진다. 사랑하는 상대와 뭐든지 함께 하길 갈망하고 곁에 상대가 있으면 없던 힘도 생겨난다. 사업으로 그 연애의 감정을 옮겨 가보자. 일하는 순간이 너무 행복하니 밤을 새워 일을 해도 짜증이 나지 않는다. 늘 희망으로 부풀어 있고 그 희망을 찾아가기 위해 열정적으로 일하기 마련이다.

중국 속담에 "돈을 보고 얼굴이 활짝 펴졌다(見錢眼睛亮)."라는 말이 있다. 만일 사업하는 사람이 돈을 보고 얼굴을 펴지 않았다면 그는 사업으로 성공할 수 없는 사람이다. 돈을 사랑하지 않는다면 어찌 사업을 잘하겠는가? 돈을 보고 얼굴이 활짝 펴지지 못하는 것은 이윤을 경시하고 전망을 소홀히 하기 때문이다. 투지도 없고 이상도 없으며, 자신을 고무시키는 능력이 결핍되어 있다는 것을 의미한다. 이러면 아주 쉽게 좌절당해 쓰러지기 쉬우며 타인이나 자신에게 책임 있다고는 말할 수 없다. 사업이란 아주 복잡한 일이며 그에 따른 온갖 고생은 사업을 해보지 않고서는 이해하지 못한다. 한 개인이 바쳐야 할 지혜와 의지는 다른 어떤 일보다 적지 않다. 때문에 반드시 심혈을 기울여 기회를 발견해야 한다. 소위 "돈을 보고 얼굴이 활짝 펴졌다."는 것은 이런 예민함을 일컫는 말이다.

프로 사업가는 돈과 상관없는 일은 논하지 않는다. 사람들의 눈의 모양이나 크기는 천차만별이다. 아름다운 눈은 모두 신비스런 색채를 띠고 빛을 발한다. 그 빛은 영혼의 불꽃인 것이다. 영혼의 연소가 없으면 사업의 휘황찬란함도 없다. 흔히 비즈니스에서 성공한 사람들은 '이 아이템을 접하는 순간 눈이 번쩍 떠지더라'는 식으로 말한다. 한 마디로 돈이 보였다는 얘기다. 사랑해야 동력이 있듯이 돈을 사랑하는 것은 사장의 기본 소질이다. 아직도 비즈니스 앞에서 할까 말까 망설이고 고민하는 당신이라면 달라져야 한다. 돈을 연인처럼 생각하고 사랑하며 정열적으로 추구하는 것이 바람직하다.

성공한 CEO 중에는 "일이 애인이죠."라고 말하는 이들이 적지 않다. 일 외에는 아무것도 보이지도 않고 들리지도 않는 것이다. 연애감정으로 사업을 해라. 당신의 숨은 잠재력이 터져 나올 것이다. 당신이 기대하지 못했던 좋은 성과가 기다리고 있을 것이다.

지역사회에
관심을 가져라

요즘 기업들의 대외적인 이미지와 신뢰를 결정짓는 중요한 잣대 하나는 기업이 사회적 참여를 얼마나 하고 있는가이다. 우리나라의 경우 '한강의 기적'이라 불리면서 세계가 놀랄 만한 빠른 성장의 이면에는 정치인, 경제인들의 금욕과 비리가 도에 지나칠 정도로 좀처럼 끊이지 않고 터져 나오면서 아직도 '비리 공화국'이라는 이미지로부터 자유롭지 못하고 있다. 이른바 '모럴해저드(Moral Hazard)'로 일컫는 도덕적 해이는 좀처럼 사라지지 않고 있는 게 현실이다.

현대 기업들은 자본주의에 철저하게 길들여져 있지만 장기적으로 그 생명력을 이어가기 위해서는 대외적인 신뢰와 이미지가 매우 중요하다는 것을 인식하고 있다. 이와 때를 같이하여 10여 년 사이에 외국의 유명기업인들의 굵직한 재산 사회환원과 은퇴한 정치인들의 자원봉사활동이 언론에 부각되면서 기업인과 정치인들의 '노블레스 오블리주(noblesse oblige)'가 수시로 세간의 화두가 되고 있다.

이 때문일까. 기업들은 어느 정도 성장단계에 오르면 사회적 참여를 통해 기부를 통한 나눔과 봉사활동을 통한 이웃사랑을 통해 다 함께 잘사는 세상을 구현하려고 애쓴다는 모습을 보여준다. 기업은 좋은 이미지를 통해 기업과 자사 제품의 브랜드 가치를 높이는 한편 아름다운 사회를 조성하는 일에도 일익을 기하겠다는 의도에서다. 이 같은 기업들의 속 보이는 면모 (?)를 두고 진정성을 따지거나 욕을 하며 나무라는 이들은 없다. 이유는 간단하다. 제 배만 살찌우고 사회에는 무관심한 욕심쟁이 기업보다는 형식적으로라도 사회적 참여를 통해 기업 홍보와 사회 발전이라는 두 마리 토끼를 잡으려는 기업들이 많아야 국가나 사회발전에 도움이 되기 때문이다.

그렇다면 지역 상권에서 매출을 올리고 수익을 창출해야 하는 자영업자들은 어떨까. 규모가 크든 작든 사업은 사업이며 그것을 이끄는 주체는 사장이다. 시쳇말로 구멍가게만한 식당을 운영하더라도 지역사회에 대한 관심과 활동 참여는 중요한 몫을 차지한다. 대기업이든 영세사업자든 수요의 주체인 고객이 없다거나 대외적인 신뢰도가 떨어지면 사업의 지속성은 불가능하기 때문이다. 무엇보다도 점포와 사장의 이미지에 가장 큰 영향을 미치긴 하지만 매출 증대와 단골 확보에도 적잖은 영향력을 발휘한다.

이쯤에서 주목해 볼 만한 포인트는 요즘 지자체별로 활성화되고 있는 주민자치위원회와 각 동단위로 운영되는 민간자생단체들이다. 주민자치센터(동사무소)에서 운영되고 있는 주민자치위원회는 지방자치제도의 풀뿌리이자 시발점으로 그 역할과 기능은 갈수록 확대되고 있다. 단지 형식적으로 설치 운영하는 기구가 아니라 지역사회 기본단위엔 동의 구심점이다. 주민을 대표하는 20여 명의 위원들이 각 분과별로 동네 발전을 위한 환경 및 제도개선에 앞장서고 주민들의 편의와 화합을 이끌어가는 기구다. 민간 자생단체들로는 새마을협의회, 새마을부녀회, 자연보호협의회, 자율방범대 등등이 있다. 주민자치위원회나 민간자생단체들의 구성원들의 다수가 그 지역 내에서 식당, 미용실, 상업활동을 하는 자영업자들이다. 이들의 경우 지역사회 자원봉사자들로 월 1~2회 모임을 갖거나 주민 생활과 밀접한 봉사활동을 펼친다. 동네발전에 대한 관심과 애정 없이는 자원봉사 활동을 하기 어렵다. 무보수인데다 매월 자비로 회비를 내면서 시간까지 할애해야 하기 때문이다.

자영업자들이 활동에 참여한다는 것은 나름대로 애로점이 따르지만 자신의 여가시간을 조금이라도 쪼개서 활용한다는 마음으로 참여한다면 그 지역사회에서의 보이지 않는 프리미엄이 붙기 마련이다. 지역사회 내에서의 대인관계가 폭넓게 구축되는 동시에 각자가 운영하는 사업의 자연스러운 홍보가 이루어진다. 그들의 활동이 사업에 조금이라도 보탬이 됐으면 됐지 손해 볼 일은 없다는 얘기다. 물론 그들이 사업 홍보에 목적을 두고 지역사회 봉사활동에 뛰어든 것은 결코 아니다. 자원봉사는 순수한 마인드와 적극성이 없이는 지속적인 활동이 힘들다. 처음에는 지인의 권유나 자발적인 관심에 의해 참여를 하게 되지만 활동을 통해 보람과 자기만족을 얻게 되고 이런 매력에 취하다 보면 알게 모르게 자기 사업 영업 활동에도 도움이 되는 것이다.

장사하느라 몸도 마음도 피곤해 죽겠는데 오지랖이 넓게 무슨 지역 봉사 활동까지 하냐며 비아냥을 하는 사람도 있을 것이다. 하루하루 노동에 시달리고 심신이 지치다 보면 충분히 이런 말이 나올 수도 있으니 이해가 안 되는 것은 아니다. 다만 이런 생각을 갖고 있다면 마인드를 바꿔볼 필요가 있다. 세상살이는 혼자서 잘 나고 혼자만 배 부르다고 쉽게 가고 저절로 즐거워지는 것이 결코 아니다. 더불어 사는 삶이 주변사람들에게도, 나에게도 발전과 행운을 안겨준다는 사실은 누구에게나 공통된 인생철학으로 통한다.

라면집을 해도
준칙은 기본이다

● 창업 4단계_HOW 성공과 실패는 KNOWHOW에 달렸다 ──

　직장생활 시절 점심시간이면 한여름에도 한 달에 한두 번은 꼭 들르는 맛있는 칼국수집이 있었다. 주인아주머니의 손맛이 남달라서인지 국물이 칼칼하면서도 깊은 맛이 있었고 먹고 나면 그 여운이 고향집 어머니가 차려준 밥상처럼 정겨웠다. 어느 겨울날 마침 점심시간에 친구가 찾아왔는데 날씨도 춥고 하니 칼국수나 먹자고 해서 잘 아는 집이 있다며 자신 있게 안내를 했다. 명절이나 일요일이 아니고서는 문을 여는 식당이었기에 당연히 문은 열었을 거라고 믿고 눈보라가 치는 거리를 십여 분씩이나 걸어서 찾아갔지만 결과는 참담했다. 그 점포의 문은 닫혀 있었다. 하는 수없이 투덜대는 그 친구를 달래서 근처 해장국집으로 발길을 돌렸다. 한 달쯤 지난 뒤 칼국수 맛이 그리워서 다시 그 집을 찾았지만 역시 문은 닫혀 있었다. 혹시나 해서 그 집을 자주 찾아가는 다른 동료직원에게 그 점포가 장사를 그만둔 것은 아닌지 확인까지 했던 터였다. 가게 문에는 '정기휴일'이나 '상중(喪中)' 또는 급한 사정으로 인해 하루만 문을 닫는다는 간단한 안내문조차도 걸려 있지 않았다. 두 번씩이나 헛걸음을 하고 나니 몇 년 동안 단골임을 자청했던 나로서는 일종의 배신감 같은 것을 느껴야 했다. 그 칼국수집이 폐업을 한 것은 아니었지만 그 후로는 두 번 다시 찾아가지 않았다.

직장인이라면 이와 유사한 경험을 한두 번은 하게 된다. 가격이나 맛에서 나름대로 장점이 있어서 종종 찾아가는 음식점이지만 시도 때도 없이 문이 닫혀 있다가 머지않아 아예 장사를 끝내는 점포들이 있다. 이럴 경우 십중팔구는 권리금마저도 제값을 못 받는다. 설령 사정이 생겨 폐업을 한다 하더라도 새로운 주인이 나타날 때까지는 멀쩡하게 영업을 해야만 권리금이라도 챙길 수 있는 것이다.

소형 점포사업을 하는 사장들 중에는 처음에는 나름대로 포부를 갖고 시작을 하지만 사업이 마음먹은 것처럼 시원찮거나 개인적인 사정으로 인해 사업운영에 소홀해지면 잘 키워서 점포를 늘리거나 2호점을 내보겠다는 초심마저도 잃고 의욕도 떨어져서 장사를 하는 둥 마는 둥 대충대충 시간만 죽이는 이들이 적지 않다. 또 장사가 아주 잘되지는 않지만 그럭저럭 문 닫지 않고 버틸 수 있을 정도가 되면 고객의 입장 따위는 아랑곳하지 않고 자기 멋대로 운영을 하는 이들도 있다. 대표적인 예가 휴무일이나 영업시간을 자기 편한 대로 운영하는 것이다. 시쳇말로 엿장수 맘대로 식이다. 시간이 흐를수록 단골이 떨어지기 마련이고, 새로운 고객을 끌어들이기도 힘들어진다. 결과는 실패의 길로 치닫기 마련이다.

아이들이 유치원에만 들어가도 부모들은 규칙적인 생활습관을 길들이기 위해 TV 시청시간, 공부하는 시간, 잠자는 시간을 정해놓고 이를 지키도록 유도하며 말을 듣지 않으면 강제로라도 따르게 한다. 유치원생이 하루 유치원 안 간다고 문제될 것이 없으며 잠을 좀 늦게 갔다고 해서 그 이튿날 병원에 실려 갈 일도 발생하지 않는다. 하지만 부모들이 아이들에게 규칙적인 생활습관을 갖게 하는 것이 아이의 건강과 미래를 밝게 해준다고 믿기 때문이다. 실제로도 그렇다. 세 살 버릇 여든까지 간다는 말처럼 초등학교 시절 아이들과 싸움질이나 하고 숙제 안해 가고 공부와 담 쌓는 아이들은 갈수록 학교공부와 생활에 적응하지 못하고 문제를 일으킬 확률이 높은 것이 사실이다.

사업을 하는 사장도 마찬가지다. 사업을 운영하는 동안은 사업의 안정성을 유지하고 성공하기 위해 자기만의 준칙을 정해놓고 지키는 노력이 필수다. 아무리 좋은 아이템이라고 할지라도 수요자인 고객이 있어야 지속 가능한 비즈니스가 된다. 아무런 규정도 준칙도 없이 그야말로 주먹구구식으로 사업을 꾸려간다면 누수현상은 당연히 발생하기 마련이다. 특히 고객과 얼굴을 맞대고 일하면서 돈을 버는 점포사업자라면 운영방식은 자신 또는 종업원들과 내부적으로만 공유하는 시스템으로 유지한다 하더라도 고객들과 직결되는 사항은 반드시 규정과 준칙이 필수다. 가격, 영업시간, 휴무일 등에 대한 정확한 표시와 알림, 그리고 그것을 준수하는 것은 고객과의 무언의 약속이며 신뢰의 기반이다.

H치킨 신촌점 이재은 · 김주열 부부

"우리 부부, 치킨으로 월 천만 원 벌어요."

신혼이나 다름없는 결혼 2년차 부부인 이재은 · 김주열 커플은 결혼하자마자 기다렸다는 듯이 직장에 사표를 던지고 창업에 뛰어들었다. 직장생활로는 10년 넘게 해도 집 한 채 장만하기 힘든 현실을 직시할 때 한 살이라도 젊은 시절에 작은 사업이라도 내 장사를 해서 50대 이후 여유 있는 시니어생활을 하고 싶어서였다. 사실 이들의 창업은 다소 위험한 장난(?)이 될수도 있었다. 운이 좋았다. 권리금 없는 C급 상권의 점포를 얻었지만 주변에 원룸촌이 있어 저렴한 가격에 테이크아웃 치킨을 즐겨먹는 잠재 고객들이 숨어 있었던 것이다. 순수익만 월 1천 만 원을 벌고 있는 이들 부부의 창업과 운영스토리를 WHY, WHERE, HOW, WHAT으로 들어보았다.

줄 서서 먹는 치킨집 단골,
미래를 생각하니 창업 욕심 생기다

Q **WHY** 결혼한 지 1년도 안 되어 창업을 했다. 직장이 없었던 것인가?

A 2013년 초 결혼 당시 우리는 둘 다 직장을 다녔다. 나는(남편 : 김주열) 외국

계 회사에 다녔고 또 하나의 나는(아내 : 이재은) 환경평가회사에 근무했다. 우리 두 사람의 월급을 합치면 세금을 제외한 금액이 500만 원 정도였다. 하지만 맞벌이 부부로 직장생활해서 집을 사고 안정된 생활 기반을 다지려면 10년 이상이 걸릴 것이라는 생각을 하니 미래가 어둡게만 느껴졌다. 우리는 8년간 친구로 지내고 2년간 연애를 하다 결혼했다. 창업에 대한 생각은 연애시절부터 공통된 의견이었다.

Q **WHY** 창업아이템 중 치킨점은 20년 전이나 지금이나 평범한 업종이다. 젊은 세대인 만큼 튀는 색다른 아이템을 찾지 않고 치킨점을 선택한 데는 특별한 이유가 있었는지?

A 창업에 관심을 갖고 있었기에 이런 저런 아이템들을 눈여겨 보았다. 요즘 커피점이 한창 늘고 있어서 모 커피체인점을 알아보았더니 프랜차이즈 비용도 만만찮았고 운영 시 지속적으로 로열티를 지급해야 했다. 또 주변에서 세탁업이 괜찮다고 해서 알아보았는데 실제로 매출이 꽤 높은 편이었다. 문제는 클레임이 많으면 스트레스를 받을 것 같았다. 한참 고민을 하던 중 집 근처 한 치킨 체인점이 눈에 들어왔다. 사람들이 늘 줄을 서 있을 정도로 잘되었다. 직접 사 먹어보니 가격 대비 품질이 좋다는 것을 알았다. 이 때문에 우리 부부도 그 집 치킨을 즐겨먹었고 그러다가 체인본사 문을 두드렸다.

원룸타운 20대들,
테이크아웃과 궁합이 맞아

Q WHERE 입지 조건이 좋은 점포는 아닌 것 같다. 번화가도 아닌데다 그렇다고 아파트 단지가 있는 것도 아니다.

A 맞는 얘기다. 그래서 창업 당시 주변에서는 '저 집 3개월도 못가서 문 닫는다'는 걱정의 소리가 들려왔다. 우리는 단돈 천만 원으로 시작하는 상황이었으니 어쩔 수 없는 상황이었다. 희망 상권으로 신촌을 택했는데 업소 밀집 지역인 A급, B급 상권은 권리금과 점포 임대료가 비싸서 엄두를 낼 수 없는 입장이었다. 기존에 부동산 사무실과 우산가게였던 두 개의 작은 점포를 하나로 튼 것인데, 계약 당시 점포가 비어 있었다. 권리금이 없다는 게 우리로서는 가장 큰 장점이었다. 영업을 하면서 자리를 잘 잡았다는 것을 알았다. 사실은 이곳이 테이크아웃 치킨점으로서는 아주 좋은 입지라는 것을 개점 당시에도 체인본사나 우리는 전혀 모르고 있었다.

Q WHERE 실제로 운영해 보니 어떠한가?

A 사실 운영을 하면서 많이 놀랐다. 입지 조건이라는 게 대충 눈으로 봐서는 판단할 수 없다는 사실을 알았다. 주변에 원룸촌이 형성돼 있어 그곳에 거주하는 학생층 젊은 고객들이 매우 많은 편이다. 하루 100~150마리의 치킨을 판매할 수 있는 숨은 비밀이 바로 여기에 있는 셈이다. 매출의 70%를 차지한다. 이들 중에는 인근 대학교 어학원에 유학중인 중국 학생들이 30%를 차지한다. 20대들에게 테이크아웃은 보편화된 문화다. 본래 판매 가격도 저렴한 편인데다 테이크아웃은 가격이 더 저렴(8,500원~10,000원)하

기 때문에 테이크아웃 비율이 60%에 달한다. 우리가 미처 알지 못했던 이 지역만의 특성이 치킨이라는 메뉴 그리고 테이크아웃이라는 형태와 궁합이 맞아떨어진 셈이다. 직원 수가 많지 않아도 운영이 가능한 이유가 바로 여기에 있다고 보면 된다.

"식용유 자주 교체하고 손맛 내면 맛이 달라요."

Q **HOW** 창업비용은 총 얼마나 투자되었고 어떻게 마련했는가? 무엇보다도 창업 당시 천만 원 가지고 뛰어들었다는 것에 용감하다는 칭찬을 하기보다는 무모한 도전은 아니었는가 하는 생각이 들 정도다.

A 총 1억 2천만 원 정도가 투자됐다. 보증금이 4천 만 원이고, 인테리어비용으로 8천만 원 정도 들어갔다. 우리가 손에 쥐고 있던 현금은 6백만 원이 전부였다. 가지고 있던 차를 팔아서 4백만 원을 더 마련하여 천만 원을 마련했다. 나머지는 다 대출이었다. 소상공인 대출 4천만 원과 주류회사 대출 4천만 원을 받아 9천만 원을 마련했고 준비하던 시절에는 둘 다 직장인이었기에 신용대출로 3천만 원 정도를 마련했다. 남의 돈으로 창업한거나 다름없으니 이자에 대한 부담이 클 수도 있었다. 다행이도 주류회사 대출은 무이자이고 소상공인 대출은 이자가 매우 저렴하다. 그러다 보니 의외로 이자는 월 100만 원 정도 밖에 안 된다. 따지고 보면 창업비용은 1억 2천만 원이 훨씬 넘는다. 오븐, 냉장고, 간판 등의 비용은 2, 3개월 후 결재하기로 했기에 가능했다. 그러니 이 비용들은 초기 몇 달 동안 벌어서 갚아야만 했다.

Q HOW 장사가 잘되는 편인 것 같다. 매출은 어느 정도 되고 그중 순이익은 얼마나 되는지 궁금하다.

A 전체 매출 중 75%는 치킨에서, 나머지는 음료와 주류(맥주, 호프, 소주)에서 발생한다. 월, 화, 수, 일요일은 하루 평균 100마리 정도 팔려서 100만 원 선이고, 목, 금, 토는 150마리 정도가 팔려서 150만 원 정도까지 매출이 오른다. 월 3천 5백만 원선 내외다. 원재료, 인건비(목, 금, 토, 매장 서빙아르바이트), 임대료(월 330만 원), 이자, 공과금 등 모든 지출비용을 제하고 약 35~40%가 순수익이다. 우리 둘이 일해서 천만 원 이상 버는 셈이니 이 정도면 만족스러운 수입이 아닌가 싶다.

Q HOW 비수기가 있을 것 같다. 또 조류독감이나 그 외에 경제·사회·환경 변화에 따른 매출 하락도 있지 않을까 싶다.

A 3월부터 11월까지는 성수기다. 하지만 동절기에는 매출이 급격히 떨어진다. 명절 연휴까지 겹치면서 지난해 1월에는 2500만 원까지 하락했다. 테이크아웃 비중이 전체 매출의 60% 정도로 큰 편이기 때문에 동절기 4개월 정도의 매출 하락은 어쩔 수 없다고 본다. 조류독감이나 사회·경제 트렌드에는 큰 영향을 받지 않는다. 가격 자체가 저렴한데다 젊은층이 주 고객이기 때문인 것 같다. 단 날씨는 매출에 적잖은 영향을 미친다. 특히 비가 오는 날은 매출이 줄어든다. 처음에는 이런 특성을 몰라서 힘들었다. 안 팔린 치킨을 먹어치우느라 곤욕(?)을 치러야 했다. 이제는 사전에 날씨를 정확하게 체크해서 닭 발주나 야채 구입량을 조절한다. 치킨집 운영에도 날씨 마케팅이 중요하다는 사실을 직접 체험하게 된 것은 정말이지 놀라운 일이었다.

Q **HOW** 체인브랜드인데다 대중적인 음식인 치킨이다 보니 맛은 특별하게 신경 쓰지 않아도 되는 것 아닌가.

A 그렇지 않다. 체인점주들의 경우 창업 시 본사에서 같은 교육을 받지만 100이면 100 맛은 각각 다 다를 수 있다. 치킨은 바삭바삭하면서도 질기지 않아야 맛이 좋다. 이것을 결정짓는 것은 두 가지다. 튀김옷을 입히는 기술과 치킨을 튀기는 식용유 사용법이다. 튀김옷을 얇게 입히는 편이다. 아무래도 각자의 기술, 이를 테면 손맛이 좌우하지 않을까 싶다. 식용유는 물량이 많은 날은 하루만 사용하고 교체하며 보통 이틀에 한 번 꼴로 교체한다는 원칙을 고수한다. 식용유를 교체하지 않고 며칠씩 사용하면 튀겨 나온 닭 색깔이 어둡고 탄 맛이 나며 닭도 질기다. 식용유 아깝다고 교체하지 않으면 결국 상품의 질에서 문제가 발생한다. 우리는 자주 교체하는 만큼 사용한 식용유가 깨끗해서 이를 사가는 곳이 있으며 원가의 30%를 돌려받는 식이다.

무릎 굽히고 자세 낮추어 주문받는
특별한 고객서비스 실천

Q **WHAT** 매출도 순이익도 높은 편이다. 같은 체인브랜드 치킨점일지라도 잘 되는 점포와 안 되는 점포가 있다고 본다. 창업 1년 만에 성공 점포로 인정받는 이 점포의 장점이나 노하우가 궁금해진다.

A 무엇보다도 앞에서 말했듯이 원룸촌 고객이 많은 입지 조건의 장점과 체인브랜드의 적절한 가격과 맛, 그리고 친절서비스가 아닌가 싶다. 아내가 고객응대를 매우 잘한다. 손님들이 한결같이 칭찬을 하는 부분이다. 같이 장사를 하면서 아내의 고객 대하는 스킬이 대단하다는 것을 알았다. 놀라

운 발견이다. 사실 아내와 연애를 오랫동안 했는데도 그녀에게 이러한 장점이 있다는 것을 몰랐다.

Q **WHAT** 고객응대 스킬이 대단하다고 남편이 칭찬한다.

A 서비스업에 종사한 적이 없기 때문에 체계적으로 고객응대 스킬을 익힌 것은 아니다. 다만 처음 보는 고객일지라도 일단 밝게 웃는 얼굴과 밝은 목소리로 대한다. 그리고 적극적으로 다가간다. 이를 테면 주문을 받을 때 서서 말하지 않고 반은 앉다시피하여 의자에 앉아 있는 고객들과 눈높이를 같이 하는 식이다. 간혹 힘들지 않냐고 말하는 고객들이 있는데 친절서비스는 당연한 것이니 그걸 힘들고 어려운 일이라고 생각해 본 적이 없다. 그런데 고객들은 그 웃음이나 낮춘 자세마저도 진정성을 따진다는 것을 알았다. 고객의 머릿속에는 주인이나 종업원들의 응대가 보여주기 위한 서비스인지 아니면 진심에서 우러나온 서비스마인드인지에 대해서 냉철한 판단을 하더라. 나의 고객응대 방법은 처음부터 마인드로 다가섰기 때문에 단골들이 늘어나는 것이라고 본다.

Q **WHAT** 원룸촌 손님이 많다고 하니 그만큼 단골도 많을 것 같다. 고객을 대하는 서비스까지 남다르니까.

A 그렇다. 고객의 30% 정도는 주1회 정도 찾아오는 단골들이다. 왕단골들 중에는 주 4회 정도 오는 이들도 있다. 우리로서는 너무도 감사한 일이다. 이들 중에는 중국 유학생들이 많은 편이다. 그들은 외국에 유학온 학생들이기에 아무래도 한국생활에 대한 걱정과 심적 부담이 많은 것 같다. 누나

나 언니처럼 웃으면서 편안하게 대해 주니까 마음의 문을 열고 다가오더라. 한국생활에 대해 궁금한 정보들을 물어보는 일이 많은데 최선을 다해 도와준다. 특히 방을 구할 때는 그들과 함께 직접 부동산에 가서 도와주곤 한다. 인간관계가 깊어지다 보니 종종 보이차 같은 선물도 들어온다. 우리 집 단골들이 고맙고 그들이 있어서 너무 즐겁다.

Q **WHAT** 장사가 잘되면 마음은 즐겁지만 그 이면에는 힘든 점도 있을 것 같다. 무엇이 가장 애로점인가?

A 남편은 주방, 나는 홀을 담당한다. 그런데도 초기에는 주방과 홀의 손발이 안 맞고 홀과 주방에서의 동선에 익숙치 못해서 각자 스트레스를 받기도 했고 일의 효율성도 떨어졌다. 그래서 역할 분담을 정확히 나누고 동선도 정하고 나니 그런 문제는 사라졌다. 단 한 가지 몸이 피곤한 게 애로점이다. 일하는 시간이 12시간이다. 사생활이 없다. 쇼핑을 하거나 친구를 만나는 일은 꿈도 못 꾼다. 집에서 눈뜨면 가게 나오기 바쁘다. 오후 2시에 나와서 장사 준비하다 보면 서너 시 되고 그때부터 새벽 한 시 정도까지 영업을 한 후 청소를 하고 나면 두 시가 넘는다. 집에 가면 곧장 쓰러지듯이 잠을 잔다. 몸이 피곤한 것 그것이 가장 힘든 점이다. 그래서 요즘은 월 1~2회 쉰다. 돈도 좋지만 건강은 더 중요하기 때문에 앞으로는 체력에 신경을 쓰려고 한다.

Q **WHAT** 1년 넘게 장사를 했으니 창업 준비 시부터 지금까지 나름대로 배우고 깨달은 게 있을 것이다. 예비 창업자들에게 들려주고 싶은 조언이 있다면?

A 세 가지 정도 말해 주고 싶다. 첫째는 돈을 벌려면 자기 것을 포기해야 한다. 예를 들면 자영업을 하면서 직장시절처럼 영화보고 쇼핑하고 여행다니는 것을 꿈꾼다면 아예 하지 말아야 한다. 훗날 규모를 키워 여유시간을 갖게 된다면 그때는 가능하겠지만 그 전까지는 창업 이전에 했던 자기 생활을 버리는 것을 감수해야 한다. 둘째는 인내심을 가져야 한다. 성수기가 있으면 비수기가 있는 법이다. 매출이 급감하면 불안해지고 별의별 생각이 다 들기도 한다. 하지만 힘들어도 인내해야 한다. 그럴수록 고객서비스와 개선점에 대해 고민하고 더 노력해야 한다. 셋째는 날씨에 대해 많은 관심을 가져야 한다. 작은 점포 사업일지라도 날씨가 매출에 결정적인 영향을 미친다. 따라서 미리 다음날 날씨 정보를 체크해서 그에 맞게 재료 준비나 양 조절에 대응하는 것은 필수다.

부록

- 창업지원자금
- 창업지원교육

창업지원자금

| 여성가장창업자금

| 여성가장정책자금

| 미소금융

| 창업맞춤형사업화 지원

| 1인 창조기업 사업화 지원

| (사)함께만드는세상 (마이크로크레딧 창업지원자금)

| 소상공인 정책자금

| 청년창업 특례보증

| 특례보증 대출금

❖ 여성가장창업자금

경제적 어려움에 처한 여성가장의 창업을 지원하여 가계안정과 자활의지를 제고하기 위한 사업으로 1인당 최고 5,000만 원까지의 임대보증금을 지원하고 3.0%의 저렴한 금리로 납부하는 방식이다.

■ 사업 내용
- **신청 기간** : 자금 소진시까지 수시모집
- **지원 한도** : 1인당 최고 5천만 원 이내 점포 임대보증금
- **지원 기간** : 2년(1회 연장 가능, 최대 4년까지 지원)
- **지원 금리** : 연 3.0%(고정), 분기별 납부
- **상환 방법** : 만기 일시 상환
- **채권 확보** : 전세권 설정(임대건물에 담보물권, 선순위 채권 등이 기설정(건물가액의 50%이상)되어 채권확보가 불가하여 자금회수가 곤란한 경우에는 지원 불가)

■ 신청방법 및 제출서류
- **신청 방법** : 한국여성경제인협회 전국 15개 지회로 문의
- **제출 서류** : 신청서 및 사업계획서 1부(3개월 이내 발급)
- **소득증명서류** : 본인 및 부양가족의 건강보험료 납부확인서 각 1부, 혹은 국민기초 생활수급자증명서 1부 (*최근 6개월 이상의 내역 정보 수록)
- **부양가족증명서류** : 주민등록등본 1부, 가족관계증명서 1부
- **사업타당성 분석서류**
  - 창업사업타당성 분석 및 상담결과 통보서 1부(해당지역 소상공인진흥원)
  - 상권분석자료 1부 (http://sg.seda.or.kr/dragon/sbdc.jsp?sToken)
- **임대건물 확인서류** : 부동산시세확인서 2부, 건물 · 토지등기부등본 1부
- **기타 선정기준** : 서류심사, 합격자 개별통보

문의 : 한국여성경제인협회(서울시 강남구 역삼로 221 4층) / TEL : 02-369-0900

❖ 여성가장정책자금

여성가장 소상공인의 정책자금 융자로 안정적 경영환경 조성과 여성가장의 자생력을 제고하고 생업안전망을 구축하기 위한 정책 자금

■ 사업내용

- **신청 기간** : 자금소진시까지 수시모집
- **지원 대상** (소상공인으로 아래 사항을 모두 만족하는 경우)
  1. 사업자등록증을 소지한 개인 또는 법인 사업자(사업개시일이 융자신청일 이상)
  2. 상시근로자의 수가 5인 미만인 사업자(제조,건설, 운송, 광업은 10인 미만)
  3. 경제적 활동능력이 없는 부양가족만 있는 여성가장으로서 지원제외 업종 이외의 사업을 영위하고 있는 소상공인(제외업종 : 유흥 향락 업종, 전문 업종, 주점업, 입시학원업 등. 단, 생계형 업종(숙박업, 노래연습장, 기타주점업)은 건강보험료 95,537원 미만업체도 지원)
  4. 온라인 교육 6시간 이상 수료자 혹은 여성기업 육성사업으로 시행하는 오프라인 교육 이수자(온라인 교육 : 소상공인시장진흥공단 이러닝 edu.seda.or.kr / 오프라인 교육 : 여성경제인협회 주최·주관·후원교육으로 협회장(혹은 지회장) 명의 수료증 발급대상 교육)

■ 지원 내용

- **대출 한도** : 업체당 최고 7천만 원
- **대출 금리** : 분기별 변동금리 ('14년도 3분기 3.52%)
- **대출 기간** : 5년(거치기간 2년 포함)
- **상환 방식** : 거치기간 후 상환기간 동안 대출금액의 70%는 3개월(또는 1개월)마다 균등 분할 상환하고, 30%는 상환기간 만료 시 일시상환

■ 지원 절차

1. 신청 및 확인서 발급 : 한국여성경제인협회(각 지회) 및 소상공인시장진흥공단(지역 센터)에 융자를 신청하면 지원 자격 확인 후 '지원 대상 확인서'를 발급
2. 신용평가 : 신용보증재단 및 신용보증기금에서 발급하는 신용보증서 또는 대출취급은행에서 직접 대출가능한 순수신용 또는 부동산 담보부 대출
3. 대출 : 담보방법에 따라 대출취급 금융기관의 담보감정 혹은 신용보증기관의 보

증서 확보 등 채권보전절차 후 대출실행

* **대출 실행(20개 금융기관)** : 기업, 하나, 우리, 국민, 신한, 외환, 한국씨티, 부산, 대구, 광주, 전북, 경남, SC제일, 제주, 농협중앙회, 산업은행, 저축은행중앙회, 수협중앙회, 새마을금고, 신협중앙회

■ 제출 서류 및 제출처

• **제출 서류** : [첨부1] 자가체크리스트, [첨부2] 신청서

　기타 제출서류

　1) 실명확인증표 사본 1부(주민등록증, 운전면허증, 노인복지카드, 장애인복지카드, 공무원증, 여
　　권 등 본인을 증명할 수 있는 서류)

　2) 사업자등록증 사본 1부 (최근 3개월 이내)

　3) 상시근로자 확인가능 서류

　- 상시근로자 없을 경우, 건강보험증 사본 또는 보험자격득실 확인서

　- 상시근로자 있을 경우, 사업자 가입자명부 또는 사업장별고지대상자현황

　4) 가족관계증명서

　- 자녀 휴학증명서 또는 재학증명서

　5) 주민등록등본 (최근 3개월 이내)

　6) 6시간 교육수료증

• **제출 방법** : 우편 및 직접제출

제출처 및 문의처 : 한국여성경제인협회(서울시 강남구 역삼로 221 4층) / TEL : 02-369-0900

❖ 미소금융

제도권 금융기관 이용이 어려운 이들에게 자활에 필요한 창업자금, 운영자금 등을 무담보 · 무보증으로 지원하는 소액대출사업(Microcredit)으로, 저소득 · 저신용계층이 경제적으로 자립할 수 있는 기반을 마련해 준다. 금융회사가 휴면예금을 재단에 출연하여, 이를 복지사업에 사용할 수 있도록 하는 것으로 6대 기업(삼성, 현대차, LG, SK, 포스코, 롯데)과 5대 은행(KB, 우리, 신한, 하나, IBK)이 미소금융재단을 설치하여 직접 미소금융사업을 수행한다.

■ 지원 대상자

- 대출 신청일 현재 「국민기초생활보장법」 제2조에 따른 수급권자 및 차상위계층에 해당하는 자영업자 및 창업예정자
- 개인신용 7등급 이하로 저소득 · 저신용계층에 해당하는 자영업자 및 창업예정자
- 대출 신청일 현재 나이스평가정보(주), 코리아크레딧뷰로주식회사에서 평가한 개인신용등급 중 1개 이상의 회사에서 평가한 개인신용등급이 7등급 이하에 해당하는 자
- *코리아크레딧뷰로주식회사(KCB) 기준 신용등급 5~6등급에 해당하는 자를 세분화하여 금융기관 접근성이 낮거나 신용리스크(불량률)가 높은 자들 중 일부는 미소금융지원 적격 대상에 포함될 수 있다.

■ 지원 대상 공통사항

1. 2인 이상이 공동으로 창업하거나 사업자를 등록하여 운영 중인 경우에도 지원 대상에 포함 (다만, 사업자 모두를 공동채무자로 하여야 하며, 반드시 1인 이상은 지원 대상 요건을 충족하여야 함)
2. 실제 운영자와 사업자 등록상의 명의자가 상이한 경우에는 지원 대상에서 제외 (사업자등록 명의자와 실제 운영자가 동일인이어야 함)
3. 제조업, 금융 · 보험 및 관련 서비스업, 사치성향적 소비나 투기를 조장하는 업종 등 생활형 서비스업 이외의 업종을 창업할 예정이거나 운영 중에 있는 경우에는 지원 대상에서 제외
   * **지원 제외 업종** : 골프, 귀금속, 골동품, 부동산, 댄스, 도박, 안마 관련업종 및 주점업 등 사치성 향적 소비나 투기를 조장하는 업종

■ 부적격자

1. 전국은행연합회 신용정보전산망에 신용도판단정보 및 공공정보가 등재된 자(신용도 판단정보 : 연체정보, 대위변제(대지급)정보, 부도정보, 관련인 정보, 금융질서문란정보 공공정보 등재자 중 예외적으로 지원 대상에 포함되는 자)

2. 보유재산이 과다한 자(신청인의 보유재산이 「지역별 재산 합계액」 기준을 초과하는 경우 지원 대상에서 제외(특별시, 광역시 등 대도시 15,000만 원, 기타지역 : 10,000만 원))

3. 보유재산 대비 채무가 과다한 자(신청인의 보유재산이 「지역별 재산 합계액」 이내에 해당하나, 재산 대비 채무액(여신)의 비율이 60%를 초과하는 자)

4. 미소금융중앙재단(민간복지사업자, 미소금융재단 포함), 정부 · 지방자치단체 등으로부터 금융지원을 받은 자

5. 개인회생 · 개인파산 신청자 및 법원에서 개인회생 · 개인파산을 인가한 자

6. 어음 · 수표 부도거래처로서 동 사유를 해소하지 아니한 자

7. 책임재산을 도피, 은닉, 기타 책임재산의 감소행위를 초래한 자

■ 창업자금

• 대출 한도 : 7,000만원

• 대출 기간
  - 거치기간 : 최대 1년 이내
  - 상환기간 : 5년 이내
  (*거치기간 상환기간 4.5% 이내 원리금 균등분할상환 거치식)

• 적용 대상
  - 사업장 임차보증금의 경우 최대 7천만 원 이내
  - 프랜차이즈 창업자금의 경우 최대 7천만 원 이내

■ 기타

＊중앙재단과 협약된 프랜차이즈 업체와 연계된 사업장임차자금, 권리금, 시설비 등을 지원

＊임차보증금 및 프랜차이즈 창업자금의 경우, 사업소요자금 총액 중 자기자금 비율이 50% 이상인 자에 한하여, 사업장 임차보증금 이내에서 지원

＊사업장 이전, 업종전환 등의 경우에도 신규창업에 준하여 지원. 생계형차량 구입의

경우 최대 2천만 원 이내. 다만, 무등록 사업자가 생계형차량을 구입할 경우에는 최대 1천만 원 이내. 사업에 사용되는 1톤 이하의 트럭 및 기타 상용차 중 2천만 원 이하의 차량 구입자금에 한하여 지원, 창업초기 운영 · 시설자금의 경우 최대 2천만 원 이내, 사업자 등록이 없는 무등록사업자의 경우 최대 5백만 원 이내

★ 미소금융 – 청년 · 대학생에 대한 긴급 미소금융자금 대출

- **대출 대상** : 만 19세~29세 청년 및 대학생 중 다음 각 호의 하나에 해당하는 자
  ① 저신용자 : 신용등급 7등급 이하자, 신용정보가 없는 자(무등급자)
  ② 저소득자 : 기초수급자, 차상위계층, 근로장려금 신청자격 요건자
- **대출 용도** : 청년층 긴급 소액자금 용도
- **대출 한도** : 소요자금 범위 내(1인당 최대 300만원)
- **상환 방식** : 1년 거치, 3년 원리금 균등분할 상환
- **대출 금리** : 연 4.5% 이내
- **대출 창구** : 미소금융 전국 전 지점

문의 : 미소금융중앙재단 www.smilemicrobank.or.kr/

❖ 창업맞춤형사업화 지원

창업아이템의 사업화 지원, 대학 등 전문기관을 통한 창업지원프로그램을 제공하여 창업 성공률 제고를 위한 사업.

■ 지원 내용

1년간 최대 5천만 원 이내, 총 사업비의 70% 이내 시제품 제작비, 마케팅 비 등 창업에 필요한 초기자금

■ 신청자격

- **예비창업자** : 신청일 현재 창업(개인, 법인)을 하지 않은 자로서 협약 종료일로부터 2개월 이전에 창업이 가능한 자(고등교육법 제14조에서 정한 교원은 최종 선정 공고 후 협약체결 전까지 소속기관장 명의의 창업승낙서(겸직허가서) 제출이 가능하여야 함)
- **창업 1년 미만의 기업** : 1년 이내 창업기업 대표로 개인사업자(법인전환 포함)는 사업자등록증명 상 '사업개시일(개업일)' 기준, 법인사업자는 법인등기부등본 상 '법인설립등기일' 기준

문의 : 창업진흥원 창업지원사업 고객지원센터 (국번없이) 1357 (내선 3번)
　　　창업진흥원 창업멘토링센터 : 042-480-4342~9, 4486, 4366

❖ 1인 창조기업 마케팅 지원

1인 창조기업의 사업화 역량 제고를 위한 맞춤형 마케팅을 지원한다.

■ 지원 대상
1인 창조기업 또는 예비창업자(1인 창조기업분야)

■ 지원 내용
1인 창조기업의 지식 또는 지식산출물의 마케팅에 필요한 다음의 비용 중 일부
* 기업에 필요한 마케팅 세부 분야 총 소요 비용(계약 금액)의 80%, 1,000만 원 한도 -
국내 / 외 종이 및 전자 카탈로그 400만 원, 시각 디자인 개발(포장 등) 400만 원, 제품 디
자인 mock-up 등 2,000만 원, 브랜드(CI, BI) 개발 지원 1,000만 원, 웹사이트 제작지
원 400만 원, 검색엔진 마케팅 500만 원, 온라인 오픈마켓 등록 지원 및 대행 200만 원

문의 : 창업진흥원 지식서비스팀 (042-480-4383)

❖ (사)함께만드는세상(마이크로크레딧 창업지원자금)

사회연대은행에서 운영하는 마이크로크레딧은 금융 기관을 이용할 수 없는 사회적 취약계층에게 소액자금을 무담보, 무보증으로 대출함으로써 경제활동을 지원하는 제도. 중소기업 및 자영업을 통한 창업지원 강화가 매우 중요한 정책과제로 부각되고 있지만 저소득층은 담보 및 보증 부족, 고용의 불안정성, 신용불량 등의 이유로 일반 금융기관에 접근하는데 어려움이 있고, 또 일반 금융기관은 소액대출을 통해 수익을 얻을 수 없어 이에 소극적이라는 점이 복합적으로 결합하여 '금융소외(Financial Exclusion)' 현상이 심화되고 있다. 이 때문에 창업을 희망하는 저소득층에게 창업에 필요한 자금, 인적 능력, 네트워크를 지원하여 성공할 수 있도록 하고자 생겨난 통합적인 지원 체계다.

■ 주요 지원 내용
- 개인 창업/운영자금 지원
- 긴급자금 지원
- 무료법률상담 서비스
- 무료 심리상담 서비스
- 지원업체 업종별 교육 및 자조모임 지원

문의 : /www.bss.or.kr, 02-2274-9637

❖ 소상공인 정책자금

소상공인시장진흥공단이 현재 운영(접수중/신청 가능)하는 소상공인을 위한 정책자금으로 2014년의 경우 총 9,150억 원의 규모다. 자금은 크게 두 가지로 일반자금 4,650억 원(14.1. 자금 소진시까지)과 특화자금 4,500억 원('14.1. 자금 소진시까지)이다.

■ 지원 대상
- **공통 지원 자격** : 상시근로자 5인 미만 업체
- **단, 제조업, 건설업, 운송업, 광업** : 상시근로자 10인 미만 업체

■ 세부 지원 요건
* 일반자금
- **교육 · 컨설팅** : 중소기업청장이 인정하는 교육 또는 소상공인시장진흥공단 소상공인컨설팅을 수료한 소상공인
- **나들가게** : 나들가게로 선정된 소상공인(신청일 기준 협약 유지 업체)
- **프랜차이즈** : 프랜차이즈 수준평가 3등급 이상의 브랜드 또는 유망소상공인 프랜차이즈화 지원사업 수혜 브랜드에 가맹점 운영 소상공인
- **신사업** : 소상공인시장진흥공단에서 주관하는 신사업 육성지원사업 수혜 소상공인
- **물가안정 모범업소** : 안정행정부 지정 물가안정모범업소
- **장기실업자** : 최근 3년 이내 고용보험을 납부한 기록이 있는 자 중 아래의 ①, ②항 중 하나 이상을 충족(온라인 교육을 6시간 이상 수료)
  ① (장기실업자) 실직후 고용지원센터에 구직등록후 취업활동을 6개월 이상하다가 현재사업을 영위하고 있는 소상공인,
  ② (실직고령자) 자금 신청 시 만 55세가 넘는자 중 과거 실직 후 구직등록하고 취업활동을 하다가 현재 사업을 영위하고 있는 소상공인
- **여성가장** : 경제적 활동능력이 없는 부양가족만 있는 여성가장소상공인(온라인 6시간 수료)

* 특화자금
- **소공인** : 제조를 기반으로 한 사업을 영위하는 상시근로자수 10인 미만의 소공인

- **신청문의** : 중소기업진흥공단 (02-769-6700)
- **협업화**

  ① 소상공인협업화 지원사업의 협업체에 속한 개별 소상공인(협업인식교육과정 6시간 수료)

  ② 소상공인 협업화사업 지원협약을 체결한 협동조합
- **창조형** : 소상공인시장진흥공단 지역센터의 현장평가를 통해 창조형 소상공인으로 인정된 업체
- **장애인** : 장애인복지카드(국가유공자카드) 또는 장애인기업확인서를 소지자 중 아래의 항목에 하나 이상 충족

  ① (10년 12월 31일 이전 창업자) 교육 수료 유무에 상관없이 신청가능

  ② (11년 1월 1일 이후 창업자) 장애인기업종합지원센터 또는 소상공인시장진흥공단에서 실시한 교육(인정교육 포함) 12시간을 수료한 경우 신청가능
- **재해** : 매년 발생가능성이 높은 집중호우, 태풍, 폭설, 화재 등으로 피해를 입은 재해 소상공인 재해확인증 발급 : 각 지방 중기청 및 시·구·군청, 읍·면·동사무소

■ 융자조건

공통 대출금리(매 분기별로 변동)
- **대출금리** : '14년 1분기 기준금리 3.69% / '14년 2분기 기준금리 3.53% / '14년 3분기 기준금리 3.52% ('14. 7. 10일부터 적용) . 단, 장애인기업의 경우 연 3% 고정금리 적용, 재해소상공인의 경우 연 2.7% 고정금리 ('14.4.10일부터 적용)
- **대출한도** : 업체당 최고 7천만원 이내

  * 장애인(기업), 나들가게, 창조형 1억 원 이내, 소공인 5억원(운전자금1억 원)이내
- **대출기간** : 5년 이내(거치기간 2년 이내 포함)   장애인(기업)은 7년 이내(거치기간 2년 포함)
- **상환방식** : 거치 한도 기간 후 상환 기간 동안 대출금액의 70% (또는 100%)는 3개월 (또는 1개월)마다 균등 분할 상환하고 30%는 상환기간 만료 시에 일시상환

■ 융자 절차

소상공인지원센터와 상담 후 신청하며 소공인특화자금은 중소기업진흥공단에서 별도 신청 접수.

■ 신청 및 접수

• 신청시 준비서류

1) 실명확인증표

주민등록증, 운전면허증, 노인복지카드, 장애인복지카드, 공무원증, 여권 등 본인을 증명할 수 있는 서류

＊ 방문시 융자신청 담당자의 확인시에만 필요하며 제출 및 보관은 하지 않음

2) 사업자등록증(최근 3개월 이내) 또는 사업자등록증명원 1부(최근 3개월 이내)

3) 상시근로자 확인가능 서류 1부(최근 3개월 이내)

상시근로자 없는 경우 : 대표자 지역건강보험증 사본 또는 보험자격득실확인서 중 선택(최근 3개월 이내)

문의 : 전국소상공인지원센터(1588-5302)

❖ 청년창업 특례보증

보유 기술을 활용하여 창업을 준비 중인 경우 기술보증기금(www.kibo.or.kr)의 청년창업 특례보증을 활용하면 된다. 신청대상은 대표자가 만 20~39세 이하인 창업 후 3년 이내의 기술창업기업이다.

창업 및 운영을 위한 운전자금, 사업장 임차자금 및 시설자금을 기업 당 3억 원 이내로 보증 지원하며, 보증료는 0.3%(고정)로, 청년 창업기업의 부담 경감하고 보증비율 95%(창업 후 1년 이내 또는 1억 원 이하는 전액 보증) 적용으로 은행의 부담을 최소화시켜 적극적인 대출을 유도하고 있다.

신청절차는 다음과 같다.

단계	주요 내용
보증 신청	인터넷 및 영업점 방문 신청
예비 검토	고객과의 면담을 통한 예비검토
기술사업계획서 제출	기술사업계획서 제출
기술평가	현자평가를 통한 기술평가
심사 승인 후 보증서 발급	종합심사 후 승인 시 보증약정

문의 : 중소기업청 기업금융과(042-481-4375)
중소기업 지원사업 관련 궁금한 사항은 중소기업통합 콜센터 ☎1357 연락 또는 중소기업 종합 정책정보 포탈 '기업마당'(www.1357.go.kr)을 참고

❖ 특례보증 대출금

신용평가등급상 대출이 어려운 7등급 이하의 저신용등급자 또는 사업자등록증이 없어 기존 일반보증을 받지 못하는 소상공인을 대상으로 하는 금융소외 자영업자 특례보증이다. 이 제도는 500만 원(노점 등 무점포인 경우 300만 원) 한도 내에서 중소기업청 유관기관인 지역신용보증재단의 보증을 통해 대출받을 수 있다.

대출 및 보증기간 5년이며, 자금상환은 1년 거치 4년 상환으로 일시상환 및 수시상환 모두 가능해 정기분납에 대한 부담을 완화했다. 금리는 7.3% 이내로 타 대출 및 사채이용과 상관없이 대출이 가능하다. 단, 소비향락, 유흥업 등 일부 업종 및 재보증 제한업종과 타 공공기관의 보증을 이용하고 있는 중인 경우에는 보증이 제한된다. 농협중앙회, 신용협동조합, 새마을금고, 6개 지방은행(경남·광주·대구·부산·전북·제주은행)에 지원신청서가 비치되어 있으며 서류작성 후 상기 9개 기관에 접수하면 현장실사를 거쳐 보증서 발급 후 대출이 이루어진다. 사업자등록증이 없는 시장상인은 시장 상인회의 확인서, 노점·행상 등은 인근 인접 상인, 아파트부녀회, 통반장의 등의 사업사실 확인서를 첨부하면 되고 점포가 있는 상인은 임대차계약서를 제출하면 된다.

또한, 보험설계사, 자동차 외판원, 대리운전자 등 인적용역제공자는 '사업소득 원천징수영수증' 또는 '사업자등록원천징수부'를 제출하면 된다. 특히 신청자 편의를 위해 보증서 발급을 위한 지역신용보증재단 방문 절차를 없애고 신청서 접수기관에서 보증과 대출이 One-step으로 이뤄지도록 전자보증시스템을 구축했다.

창업지원교육

| 창업인턴제
| 청년창업사관학교
| 소상공인 창업학교
| 시니어 창업스쿨

❖ 창업인턴제

중소기업청은 대학(원)생(학부 3학년 이상, 졸업 후 1년 이내 포함)의 벤처 · 창업기업 현장 근무를 통해 실전창업 경험을 쌓고 실패의 두려움을 해소하여 성공 창업의 가능성을 높이기 위해, 창업기업 현장 근무(창업인턴)와 창업사업화자금 지원을 연계하는 [Venture for Korea사업](창업인턴제). 이 제도는 '11년부터 미국에서 우수대학 졸업생을 대상으로 실전경험 습득, 창업을 통한 낙후지역 일자리 창출을 목표로 운영 중인 [Venture for America]를 벤치마킹한 것으로, 창업 전 현장경험의 필요성이 자금지원 못지않게 중요하다는 예비창업자들의 목소리를 반영하고 선도벤처 · 초기창업기업들의 우수인력 수요 등을 종합적으로 고려하여 설계되었다.

2014년 제1기 [창업인턴제]에 참가하는 대학(원)생은 약 70명 규모로, 서류심사와 면접 등을 통해 1차 선발 후 사전교육(약 10일)을 거쳐 선도벤처 · 우수창업기업(50여개사)과 '매칭'에 성공할 경우, 해당 기업에서 약 1년(1년 추가연장 가능) 간 근무를 하게 되고, 창업인턴을 채용하는 벤처(창업)기업에게는 인턴 1인당 최대 월 80만 원의 인턴 비용이 지원된다.

청년 예비창업자들은 인턴 근무기간 중 실무 경험뿐만 아니라 선배 기업으로부터 멘토링 · 네트워킹을 통해 창업역량 제고에 힘쓰게 되며, 인턴근무를 성공적으로 마치고 창업할 경우, 엔젤 · 벤처캐피털(VC) 등 민간투자와 연계하여 창업팀당 최대 1억 원의 사업화자금을 지원받아 자신의 창업아이템 실현을 위한 초기 자금 걱정 없이 시장 안착 및 성과창출에만 집중할 수 있게 된다. 사업화자금은 수도권 외 지역에서 창업 시 우대 지원을 검토할 예정이다.

문의 : 창업진흥원 1357 (내선 3번)

❖ 청년창업사관학교

청년창업자를 선발하여 창업계획 수립부터 사업화까지 창업 전 과정을 일괄 지원하여 젊고 혁신적인 청년창업CEO를 양성하고자 지원하는 제도이다. 입교자에게 전문 인력의 1대1코칭과 회계와 재무 등 경영수업, 제품 설계부터 시제품 생산 등의 교육 과정을 통해 모든 경영 노하우를 전수한다. 특히 입교생에 대해 매년 8~9월 중간 평가를 실시, 퇴교 조치를 실시할 만큼 교육 과정을 엄격하게 운영한다. 입교자들이 자발적으로 정규 교육 과정 이후 밤늦게까지 학습을 실시하는 등 교육에 높은 관심을 보일 수밖에 없는 분위기다. 졸업생에게는 업종, 제품 특성에 따라 7,000만 원에서 최대 1억 원의 사업비도 지원한다.

■ 지원 규모

254억 원('14년 지원예산 : 60억 원)

■ 지원 내용

연간 최대 1억 원 이내(총사업비의 70% 이내) * 창업공간, 창업코칭, 창업교육, 기술 지원, 사업비 지원, 연계 지원 등으로 신청인은 총사업비의 30% 이상을 부담(현금 10% 이상, 현물 20% 이하 부담)

■ 모집 인원

80명 내외

■ 신청 자격

기술창업을 준비 중인 예비창업자(팀) 및 창업 후 3년 이내 기업의 대표자
(연령 등 기타 자세한 자격요건은 별도공고)

■ 신청 방법

창업넷을 통한 온라인 신청 http://www.changupnet.go.kr → 창업넷 홈페이지 → 창업사업화 → 청년창업사관학교 메뉴에서 확인 가능

문의 : 중소기업진흥공단 청년창업사관학교(031-490-1372,3)

■ **지역별 청년창업사관학교**

경기(안산) 031-490-1161, 031-490-1372

경기도 안산시 단원구 연수원로 87 중소기업연수원 내

호남(광주) 062-250-3030

광주광역시 북구 동문대로 456번길 40 호남연수원 내

대구경북(경산) 053-819-5031

경북 경산시 경청로 222길 86 대구경북연수원 내

부산경남(창원) 055-548-8020

경남 창원시 진해구 남영로 473번길 22 부산경남연수원 내

충남(천안) 041-589-0831

충남 천안시 서북구 직산읍 직산로 136 충남테크노파크내 정보영상융합센터 연구동 6층

■ **중진공 청년창업사관학교 성과(2013년 12월 기준)**

구분	1기	2기	3기	합계
졸업기업	212개	213개	254개	679개
일자리 창출	774명	859명	736명	2,369명
매출액	1,118억 원	614억 원	191억 원	1,923억 원

❖ 소상공인 창업학교

소상공인진흥원에서는 예비창업자 및 업종전환 예정자를 대상으로 창업 준비 단계부터 창업 전 과정에 걸쳐 체계적인 지원을 한다. 소상공인 창업학교 교육이란 예비 창업자에게는 성공적인 창업을 위한 실전창업교육을 지원하고 업종 전환 예정자, 폐업자를 대상으로 업종 전환에 필요한 특화교육을 제공하는 교육과정이다.

■ 지원 규모
연간 11,900명 (2014년 기준)

■ 교육 기간
3월~11월

■ 지원 대상
예비창업자 및 업종전환 예정자

■ 교육생 부담금
실전창업교육 5만 원 (업종전환교육은 무료)

■ 지원 내용
창업이론, 업종별 기능 · 실습 연마, 인턴체험 등 창업 준비에 필요한 종교

■ 교육 시간
130시간

■ 교육 인원
3,900명

기본과정 예시이며, 교육 내용은 업종에 따라 다소 변동될 수 있다. 업종전환교육으로 업종전환 예정자 · 폐업자를 대상으로 부가가치가 높은 업종으로의 전환 및 재창업을 위한 특화교육도 실시한다. 교육 시간은 8시간이며, 교육 인원은 8,000명이다.

문의 : 소상공인교육팀 (042-363-7822, 7825)

❖ 시니어 창업스쿨

중소기업청이 창업넷을 통해 홍보하고 있는 시니어 창업스쿨은 시니어를 대상으로 한 창업교육 프로그램으로, 시니어의 관심분야와 역량에 따른 실무 중심의 집중 창업교육 을 지원한다.

■ 지원 대상
실전창업교육 수강을 희망하는 시니어

(시니어 : 만 40세 이상 – 1973년 12월 31일 이전 출생자)

■ 교육 내용
- 시니어를 대상으로 한 실무 중심의 집중 창업교육 80시수 이상
- 실전창업교육(80H) 커리큘럼 예시
- 1인 창조기업비즈니스센터 지원 내용항목과 세부내용 구분 시간 교육 내용
- 입학식 2H 교육과정 소개 및 네트워킹
- 실무교육 필수 63H 내외 업종특화 실전창업 필수교육
- 심화 업종특화 실전창업 심화교육
- 체험교육 현장학습 최소 10H 업종특화 외부 현장견학
- 현장실습 외부 현장실습
- 사업화 코칭 3H 이상 수료생별 맞춤형 사업화 코칭
- 수료식 2H 창업사례, 사업계획서 발표 등

■ 지원 내용
교육생 1인 당 1백만 원 내외의 교육비 지원 (교육생 부담 교육비 10만 원)

■ 교육 주관기관/ 교육운영
- **건국대학교** (서울 광진구 02-457-4507 / 02-450-3268)
  시니어 창업 플래너 과정 / 시니어 SNS 플래너 과정
  스마트폰 기반의 온라인 쇼핑몰 창업

- **국민대학교 산학협력단** (서울 성북구/ 02-910-5683)

  창업마케팅 컨설턴트 전문가 창업과정

  시니어 온라인 파워 셀러 전문가 창업과정

  행정사 실전창업과정

- **서울벤처대학원** (서울 강남구 / 02-3470-5279)

  정보보안전문 창업(1기) / 개인정보보호전문 창업 / 모바일정보보안전문 창업

- **한국생산성본부** (서울 종로구 / 02-398-6424)

  3D프린터기반 1인 제조서비스 창업스쿨

  미래 아이디어 디자인 역량강화 창업스쿨

  데이터기반 IT지식서비스 창업스쿨

- **한국전자정보**(통신산업진흥회 서울 마포구 / 02-6388-6124)

  친환경 전기자동차 충전소 운영사업 / 친환경 전기자동차 정비 운영사업 / 친환경 전기자
  동차 마을별 공유기업 창업 / 친환경 전기자전거 쉐어링 비즈니스 창업 / 친환경 전기자전
  거 기반 마을 탐방기업 창업

- **호서대학교 산학협력단** (서울 서초구 / 02-2059-2321)

  경력활용 업종전문 컨설턴트 양성과정

  시니어커리어의 극대화를 위한 이비즈창업과정

  소통의 날개를 다는 퍼실리테이터 양성과정

- **경기 부천대학교 산학협력단** (부천 원미구 / 032-610-0583)

  안드로이드 iOS 기반 SW개발의 앱스토어 1인 CEO 창업

  모바일 커머스 기반 기술 창업과정

- **충남 한국기술교육대학교** (천안 동남구 / 041-560-2506)

  기술사업화 창업전략 / 기술사업화 실전창업

  지식서비스 창업전략 / 지식서비스 실전창업

  지식재산권 창업실무

- **전북 원광보건대학교 산학협력단** (익산 신용동 / 063-840-1437)
  실내식물을 활용한 창업-1 / 실내식물을 활용한 창업-2
  친환경을 위한 천연제품 제조

- **전남 목포대학교 산학협력단** (목포 용해동 / 061-450-6252)
  식품업 창업과정 – 약선 및 힐링식품 창업 / 식품업 재창업과정
  공예디자인 창업과정 – 수공예공방 창업
  공예디자인 재창업과정 / 아이디어발전 창업과정

- **광주 광주대학교** (광주 남구 / 062-670-2867)
  천연비누제조업 창업과정 / 한지공예 전문공방 창업과정
  / CAMES 컬러테라피 창업과정

- **경북 대경대학교 산학협력단** (대구 수성구 053-759-8752)
  요리 · 미술을 활용한 심리상담사 전문인력 양성교육
  자연친화! 싱그러운 실내식물 인테리어 디자인 창업

- **위덕대학교** (경주 강동면 054-760-1570)
  농수산물 식품가공 창업 / SW서비스모델 사업모델링

- **경남 경남과학기술대학교** (진주 칠암동 / 055-751-3605)
  약초가공 시니어창업 기초반 / 약초가공 시니어창업 심화반
  6차 산업 창업가 양성 / IT 소셜미디어 1인창조 시니어창업가

- **부산 부산경상대학교** (부산 연제구 / 051-850-1348)
  미래의 먹거리, 자연발효 숙성액 창업과정
  자연적 숙성발효 슬로푸드 창업과정

문의 : 중소기업청(창업진흥과)
창업진흥원(정보관리팀)
창업넷 1357(내선3번) / http://www.changupnet.go.kr